Cómo me...
la memo...

Para:
Sandra N. Castillo
Con afecto 10 20 2002

COLECCIÓN PSICOLOGÍA

MW00811463

Juan Vignola

CÓMO MEDIR
Y DESARROLLAR
LA MEMORIA DE LOS NIÑOS

EDITORIAL DE VECCHI, S. A.

© Editorial De Vecchi, S. A. 1995

El Código Penal vigente sanciona a «... quien intencionadamente reprodujere, plagiare, distribuyere o comunicare públicamente, en todo o en parte, una obra literaria, artística o científica o su transformación o una interpretación o ejecución artística fijada en cualquier tipo de soporte o comunicada a través de cualquier medio, sin la autorización de los titulares de los correspondientes derechos de propiedad intelectual o de sus cesionarios. La misma pena se impondrá a quien intencionadamente importare, exportare o almacenare ejemplares de dichas obras o producciones sin la referida autorización.» (Artículo 534 bis, a).

En la elaboración de esta obra ha colaborado el señor Pau Martínez.

Editorial De Vecchi, S. A.
Balmes, 247. 08006 BARCELONA
Depósito legal: B. 13.881-1995
ISBN: 84-315-1404-3

Prólogo

Es un hecho harto conocido por todos que la memoria es un factor de primera importancia en la composición de la psique humana. No poseer una buena memoria significa ver disminuidas nuestras capacidades de comprensión, comparación y juicio.

Ante una facultad psíquica, destinada a asumir tanta importancia en el desarrollo de nuestra personalidad, es natural que nos sintamos impulsados a desear conocer su capacidad exacta. Para algunos es una curiosidad, para otros una necesidad afectiva y para otros una exigencia profesional incluso. Sin embargo, su interés es común a todos: padres, profesores, médicos, psiquiatras y psicólogos.

El fin que se propone este libro es dar a cada uno de ellos un instrumento, una especie de termómetro, para medir el grado de eficiencia de la memoria. Los ejemplos que se relatan, los ejercicios que se exigen para cada edad han sido ampliamente experimentados por prestigiosos psicólogos que garantizan su validez.

Por lo tanto, pueden aplicarse con la máxima confianza, teniendo siempre presentes los métodos y las reglas prescritos. Será ciertamente una gran satisfacción para cualquier padre o profesor poder comprobar que su propio hijo o su alumno, no solamente está dentro de la más absoluta normalidad en cuanto a memoria, sino que sabe superar fácilmente pruebas reservadas a niveles de edad superior.

Los eventuales fracasos que puedan presentarse no deberán desanimar excesivamente al pedagogo. Las causas que pueden determinar una momentánea merma de la memoria son muchísimas, empezando por una prueba mal orientada, hasta llegar a trastornos de origen afectivo y a enfermedades orgánicas.

Las pruebas aconsejadas por el libro no descuidan nunca estas eventualidades, para las cuales, mientras un ojo está dirigido a la mente, el otro no olvida el factor físico. Los dos componentes de la unidad humana, mente y cuerpo, deben proceder al unísono. Las deficiencias del uno repercuten fatalmente sobre el otro.

Finalmente, es necesario sugerir una última recomendación al lector: no contentarse nunca con los resultados proporcionados por una sola prueba. Se indican de los más diversos tipos: pruebas de memoria visual, de memoria auditiva, de memoria sensorial, de memoria autobiográfica, etc. Recuerdos de palabras, números, dibujos, acciones y procedimientos. Basándose en las diferencias constitucionales, hay quien se distingue en un campo y quien en otro. No puede pretenderse que un individuo alcance las máximos valores en todos los sectores. Sería como decir que, por no ser superior en todo, está destinado a permanecer mediocre en todo.

Con estos criterios pueden emprenderse con serenidad las pruebas expuestas en el libro, buscando su validez especialmente bajo el aspecto humano, que a la postre es siempre el único que tiene un valor real.

Juan Vignola

Los «monstruos» de la memoria

Cuando se desea citar el nombre prestigioso de un ejemplo excepcional por el vigor de su memoria, se recurre casi siempre a Pico della Mirandola. Este filósofo erudito e insigne orientalista, de la segunda mitad del siglo XV, era capaz de repetir después de una primera lectura, un párrafo larguísimo, palabra por palabra. Y no solamente esto, sino que, siempre después de haberlo leído una sola vez, era capaz de repetirlo en sentido inverso, o sea empezando por la última palabra hasta llegar a la primera. Se cuenta que, todavía adolescente, repetía íntegramente un sermón oído durante la misa en una iglesia de Florencia. Un hecho análogo se refiere a propósito de Mozart, el gran músico de Salzburgo. En 1770, cuando apenas contaba catorce años oyó el «Miserere» de Allegri en Roma, cantado por el coro de la Capilla Sixtina. La partitura de canto era un secreto artístico del célebre coro, pero al oírla Mozart la transcribió íntegramente y el Papa, maravillado y entusiasmado, lo premió con la insignia de caballero de la Espuela de Oro. Podría continuarse con otros ejemplos, no solamente en el campo del genio, sino también en el de la normalidad. Algunos concursos de la televisión han revelado verdaderos monstruos de la memoria; especie de enciclopedias parlantes que lo saben todo sobre fútbol, ciclismo, distancias ferroviarias, con una cantidad de números y de datos tan abundantes que dejan al espectador boquiabierto. Como contrapartida a esta categoría de superdotados existe la serie de nuestros continuos olvidos, los esfuerzos que hacemos para recordar sucesos muy recientes, las palabras, los datos y los nombres que «están precisamente en la punta de la lengua» pero que se obstinan burlonamente en no querer salir. Existen también los signos especiales, los nudos en el pañuelo, los objetos colocados en posiciones inusitadas; procedimientos todos ellos que tendrían la función, no siempre conseguida, de reclamar a nuestra memoria determinadas e ineludibles tareas.

Por lo tanto, nuestra función de recordar es caprichosa, inconstante e irrazonable, algunas veces burlona e inasequible. Un fluir ininterrumpido de imágenes, pensamientos y palabras que siguen una dinámica casi desconocida para nosotros, y que no se detiene ni tan siquiera durante el sueño. Una función que, frecuentemente y de buena gana, no se doblega a los requerimientos de nuestra voluntad, para obedecer más gustosamente a inclinaciones sentimentales, emotivas e instintivas; algo de nosotros que huye en el momento en que deseamos asirlo y que constituye el misterio de nuestro ser.

Se dice que incluso el organismo más simple, animal o vegetal, conserva las huellas de las modificaciones experimentadas por obra de los agentes externos, por lo menos durante un cierto tiempo.

Así, algunas flores que se abren de día y se cierran de noche continúan abriéndose y cerrándose rítmicamente durante algún tiempo, aunque se coloquen en una continuada oscuridad. Se habla actualmente de código genético, de memoria ancestral, para definir en términos científicos la fuerza ignorada contenida en toda célula viviente y por la cual la misma célula se multiplica hasta la realización completa de un nuevo ser. En su reproducción, en su multiplicación, ha seguido un camino muy preciso, un código, una orden que trasciende, por ahora, más allá de toda explicación material. En esta tendencia a repetir, en esta perseverancia, puede situarse la primera semilla de aquella facultad que en el terreno humano se llama memoria, aunque parezca extraño e incluso inconcebible que se trate de la misma facultad, tanto en el hombre como en los seres unicelulares. La diferencia cuantitativa, los modos de actuación, el grado de conciencia, pueden parecer tan alejados entre sí como para colocar los dos fenómenos en planos absolutamente diferentes. Sin embargo, llamamos luz al débil y fugaz resplandor de un fósforo y al monstruoso y eterno llamear del sol.

Basándonos en lo mencionado anteriormente, toda distinción entre la memoria como tal y los actos rutinarios se muestra un tanto ociosa. Por ejemplo, no es necesario volver a pensar y coordinar todos los movimientos necesarios, para alargar la mano y tomar la pluma que está sobre la mesa ante nosotros. No obstante, aquí olvidamos cuántos esfuerzos, fatigas e intentos nos costó la misma acción en la primera edad: reconocimiento del objeto, encuadramiento del mismo en nuestro campo visual, cálculo de la distancia, sucesión de los movimientos del brazo, después los de la mano, y comprensión exacta de la acción a realizar; estas son solamente algunas de las dificultades que hemos tenido que superar, probando y volviendo a probar, en un trabajo de absoluta dedicación en el cual se añade experiencia a la experiencia, o sea recuerdo al recuerdo, para hacerlo cada vez mejor. La rutina es una acción que podemos realizar precisamente porque ya no es necesario recordar la totalidad de las fases sucesivas de actuación. La tendencia a la repetición, tan característica en los niños, es un ejercicio de memoria. Desear hacer aquella cosa tantas veces que resulte familiar, espontánea, fácil y automática, o sea que se convierta en un hábito. Hemos llegado así a la formulación de las estrechas relaciones existentes entre la memoria y la comprensión. Comprender es, en parte, lo mismo que recordar.

El recuerdo es conocimiento y saber. Por ello, los dos factores son tan interdependientes que no se logra determinar cuándo prevalece uno u otro. Las dificultades que se encuentran en un campo suelen ser las mismas que se hallan en el otro. Cuando se desea juzgar lo que uno sabe, se le interroga, es decir, se le invita a recordar. Si deseamos exponer un juicio sobre la inteligencia de un niño nos valemos, en general, del tiempo que emplea en aprender alguna cosa. La juzgaremos como buena si lo hace en breve tiempo, y mala si tarda en aprenderlo.

Aquí hemos tocado el punto esencial de la cuestión: quitar de en medio esta «expectativa nuestra». El intento del libro es incluso más amplio que el que refleja su título. No se trata de filosofar sobre la memoria, sino de proporcionar, al lector interesado, instrumentos «objetivamente» válidos para juzgar el nivel de la memoria de un individuo determinado; por ejemplo, en aquel niño en especial. Y llegamos a los test sobre la memoria. Estos no son sino pruebas estandarizadas, experimentadas por investigadores de psicología en centenares y centenares de individuos, rigurosamente seleccionados según criterios de edad, condición social, ambientes, raza, cultura, etc. Las pruebas exigen una respuesta y las respuestas pueden concretarse en números, como sucede con las puntuaciones escolares. Con una diferencia: las pruebas que proponen los test son simples, claras y unívocas. Con frecuencia exigen la respuesta de un «sí» o de un «no», sin equívocos, sin personalismos, tanto por parte del examinado como del examinador. Los resultados numéricos obtenidos se transforman en promedios, porcentajes, niveles, que forman la base «objetiva» de nuestro juicio. Sabremos si aquel determinado niño tiene una memoria normal, superior o inferior a la de la mayoría de sus coetáneos. Por lo tanto, estará fuera de lugar «nuestra expectativa». Los motivos sentimentales, afectivos, inconscientes o pasionales que puedan turbar nuestro juicio, serán acallados por la evidencia desnuda y cruda de las cifras. ¿Es que el test es infalible? No; ciertamente no lo es, pero sí tiene la máxima objetividad humanamente alcanzable.

Aprender y recordar

Cuando mencionábamos el ejemplo del esfuerzo y del intento realizado por el niño para coger la pluma de la mesa, se trataba de una memoria senso-motora, una memoria llamada también biológica, o sea relacionada estrechamente con las funciones más simples de la vida. La célula no puede olvidarse de realizar las órdenes recibidas por el «código genético». El corazón no puede olvidarse de latir; sería la muerte. Y el corazón ya no sería corazón ni la célula sería ya célula. Desde las primeras clases de la escuela elemental se enseña que los sentidos del hombre son: vista, oído, olfato, gusto y tacto. A cada sentido corresponde su memoria: memoria visual, auditiva, táctil, olfativa, etc. En la topología del cerebro se han definido y localizado muy bien los puntos que gobiernan cada una de estas funciones. Una lesión, un trastorno cualquiera que afecte a aquella región provoca una disfunción en el órgano correspondiente. Algunas veces el daño es remediable y otras no. Vivir tiene sus dificultades y riesgos. Por ello está muy justificada la ansiedad de la madre que asiste minuto a minuto el florecer de la vida en su criatura y contribuye a ello infatigablemente solicitando, proponiendo y experimentando continuamente nuevas pruebas que confirmen la salud sensorial de su niño. Aplicación natural e instintiva de los test, con una función que va más allá que la simple medición, porque es una solicitud que rebasa sus límites normales, mejorándola y superándola continuamente. La memoria sensorial es común al hombre y al animal. Aparte de su génesis, su sede y los mecanismos que la rigen, podemos indagar en la memoria cuando los hechos analizados y medidos presentan ya una cierta complejidad.

La sucesión de diversas acciones controlables revela su coordinación hacia el fin preestablecido. La orden: «coge un lápiz» requiere una acción bastante simple, cuyo mecanismo lo damos como adquirido incluso en un niño de dos años. Pero: «coge el lápiz y llévalo a la mesa de la mamá» es una sucesión de movimientos más complicados, que pueden realizarse a una cierta edad, pero no antes. Este es el sentido de los test: establecer las posibilidades comunes y propias de una determinada edad. Antes de medir es preciso elegir la unidad de medida. En el caso de los test se calcula que el ochenta por ciento de respuestas válidas constituye la pauta de evaluación. Una especie de práctica democrática aplicada a la psicología.

Hemos llegado así a la exposición concreta de las pruebas. Algunas serán fáciles; otras no. Para muchas indicaremos la evaluación correspondiente; para otras, no será posible. En tal caso el buen sentido hará de guía. Cuando no se esté en condiciones de medir, puede ser suficiente una estimación aproximada.

El pionero Alfredo Binet

En 1904, el Ministerio de Instrucción Pública francés encargó a una comisión el estudio de un método para hallar entre los niños que frecuentaban las escuelas públicas de París, aquellos que presentaban un desarrollo inferior al normal. Al año siguiente nació así uno de los primeros test, la escala Binet-Simon, considerada definitiva en 1911. Fue denominada precisamente «escala» por la sucesión gradual de las pruebas, un aumento sucesivo de dificultades paralelo al desarrollo normal del niño. Su éxito fue tal que constituyó la base para futuras investigaciones. El nombre de Binet-Simon acompaña todavía al test, junto con el de sus revisores como Terman-Merril.[1]

Aunque la escala ha sido estudiada para definir numéricamente el actualmente famoso cociente de inteligencia, contiene pruebas que tienen la misión específica de evaluar la memoria de un individuo. Efectivamente, la inteligencia es también memoria. A continuación reseñaremos las pruebas correspondientes a las diversas edades, recomendando ate-

---

[1] La escala que referimos se refiere a la revisión Terman «The Stanford revision and Extension of the Binet-Simon Measuring Scale of Intelligence», Warwich and York, Baltimore 1917, ya magistralmente expuesta e ilustrada por la doctora M. L. Falorni en su publicación «Lo Studio Psicologico dell'Intelligenza e della Motricità — Gli Esami Psicologici», ed. Universitaria, Florencia 1965.

nerse escrupulosamente a las instrucciones. La evaluación del sujeto se presenta sumamente simple. Será normal si supiera las pruebas correspondientes a su edad; inferior a la normal, si no lo consigue, y superior si se demuestra capaz de realizar las pruebas de la edad siguiente. Por este motivo será necesario realizar primeramente la prueba correspondiente a la edad del sujeto para después seguir o retroceder según la buena o mala respuesta a dicha prueba.

Tres años

Se invita al niño a repetir una frase de 6-7 sílabas. Ejemplo: «Yo tengo una muñeca», «Toma aquel periódico», «El tren anda», etc. La prueba se considera válida si el niño repite por lo menos una frase de cada tres sin error; después de haberla oído una sola vez. Puede procederse primeramente con algún ejemplo para animar al niño a hablar.

Otra prueba: repetir tres cifras.

Se le dice al niño, con voz clara y al ritmo de un número cada dos segundos, las siguientes series de cifras: 6, 4, 1; 3, 5, 2; 8, 3, 7. Se le invita a repetir cada serie, después de haberla pronunciado una sola vez. La prueba es válida si se repite exactamente y en seguida una seria de cada tres.

Cuatro años

Las pruebas son las mismas que a los tres años, tanto para la repetición de frases como de números. Se requerirá solamente una mayor extensión de las dificultades. La frase será de 12-13 sílabas. Ejemplo: «Los campesinos trabajan la tierra», «Los automóviles corren veloces», «Mi muñeca se ha caído al suelo». El número de las cifras se aumentará a cuatro. Ejemplo: 5, 8, 3, 9; 6, 8, 5, 4; 7, 2, 9, 1. Repetición inmediata y sin detenciones. La prueba es válida si se repite exactamente y de forma inmediata una frase o una serie de números.

Cinco años

Ejecución de tres encargos dados simultáneamente. La explicación podrá formularse así: «Tú eres un buen chico y por esto me tienes que hacer un favor. Yo te doy este lápiz y tú lo pondrás sobre aquella mesa. Después cerrarás la puerta y me traerás el periódico. Presta mucha atención. Primero pondrás el lápiz sobre la mesa, después cerrarás la puerta y finalmente me traerás el periódico».
Recalcar bien las palabras: primero, después y finalmente. No prestar ninguna ayuda en caso de duda. La prueba es válida si las tres acciones se realizan en el orden indicado sin ayudas.

Seis años

Se vuelve a la repetición de frases de 16-18 sílabas. Ejemplo: «El cielo está completamente sereno y brilla el sol», «El mar es azul y los niños se bañan», «¡Qué bonitas son estas flores y qué bien huelen!». La prueba es válida con una frase repetida o bien con dos frases repetidas con no más de un error cada una.

Siete años

Repetición de cinco cifras. Las tres series acostumbradas: 3, 8, 5, 4, 7; 4, 7, 2, 5, 9; 2, 9, 6, 1, 3. Díganse las cifras sin inflexiones de voz o de ritmo, con una velocidad de, por lo menos, una cada segundo. Prueba válida: por lo menos una serie exacta de cada tres.
Una segunda prueba consiste en repetir tres cifras invirtiendo el orden. Ejemplo: 2, 8, 3; 4, 2, 7; 5, 9, 6; deben repetirse en orden invertido: 3, 8, 2; 7, 2, 4; 6, 9, 5. Validez de la prueba: una serie repetida según el orden requerido, de cada tres.

Ocho años

Contar al revés de 20 a 0. Tiempo máximo acordado: 40 segundos. Se permite un solo error. No se consideran como tales las correcciones espontáneas.

Otra prueba: dictado de una frase de 6-7 sílabas pronunciadas seguidas. El niño debe transcribirla íntegramente sin omisiones. No se tienen en cuenta los errores de ortografía.

Nueve años

Repetición de cuatro cifras al revés. Ejemplo: 6, 5, 2, 8; 9, 3, 1, 5; 8, 4, 7, 3. Validez: una serie de cada tres.

Otras prueba: encontrar rimas.

Explicar en qué consiste la rima mediante ejemplos: tela, vela, etc. A continuación se probará sucesivamente con dos palabras. Ejemplo: «paquete», «flor». Para cada una deberán encontrarse por lo menos tres rimas en el tiempo máximo de un minuto.

Otra prueba: decir los meses del año. Tiempo concedido: 15-20 segundos. Se tolera un error. Preguntas indicadas (dos o tres): «¿Qué mes viene antes (o después) de…?». La prueba es válida si todas las respuestas son exactas.

Diez años

Reproducción mnémica de dos dibujos.

Se dejarán ver durante 10 segundos, explicando lo que se pretende, o sea su memorización y posterior reproducción. La prueba es válida si uno de los dos dibujos se reproduce íntegra y correctamente, y del otro por lo menos la mitad. Los dibujos no deben representar objetos que puedan reconocerse o reconstruirse intuitivamente.

Otra prueba: repetición de un párrafo de memoria.

Se hace leer al niño un párrafo de 5-6 líneas impresas. Tiempo acordado: 35 segundos. Errores admitidos: dos. Una vez terminada la lectura se le invita a contar lo que recuerde, permitiéndole usar sus propias palabras. La prueba es válida si el niño recuerda y cita por lo menos la mitad de los elementos que componen el relato. Se entiende como elementos del relato los hechos, los datos, los personajes y las acciones descritas en él.

Otra prueba: decir palabras.

Deben decirse 60 palabras en 3 minutos, las primeras que vienen a la mente. Se explicará que se trata precisamente de un concurso consistente en decir el mayor número de palabras posibles en el tiempo fijado. Número mínimo requerido 60, o bien 28 si la prueba dura solamente un minuto.

Otra prueba: repetición de cifras.

El número de cifras será de 6 para cada serie. Se requiere la repetición correcta de, por lo menos, dos series de cada tres.

Otra prueba: repetición de una frase de 20-22 sílabas. Ejemplo: «En los jardines públicos los muchachos juegan a la pelota», «Los colegiales han dado un bonito paseo», «La mamá ha comprado una bonita muñeca para su niña». La prueba es válida con dos repeticiones exactas de cada tres.

Doce años

Repetición de cinco cifras al revés. La prueba es válida si es exacta una serie de cada tres.

Catorce años

Repetición de series de 7 cifras. Dos experimentos. Rapidez de pronunciación: un poco más de una cifra por segundo. La prueba es válida si los dos experimentos se cumplen con éxito.

Dieciséis años

Repetición de seis cifras en sentido inverso. Prueba válida si se contesta exactamente una de cada tres.

Otra prueba: repetición de una frase de 28 sílabas. La prueba es válida si se consigue una contestación exacta de cada tres.

Adultos

Repetición de seis cifras al revés. Repetición de ocho cifras. Repetición de nueve cifras. Los tres experimentos establecen progresivamente una superioridad mnemónica que llamaremos de primero, segundo y tercer grado.

Como se ha podido comprobar, al aumentar la edad, los test específicos para la memoria se reducen al simple recuerdo de cifras.

Las otras numerosas pruebas que la escala propone tienen todas que ver con la memoria, pero reclaman la ayuda de la intuición, la atención, la comprensión, el ingenio, la observación, el razonamiento, etc., es decir, toda la estructura de la personalidad. Sin embargo, consideraremos solamente la memoria aunque ello parezca un poco forzado; es como si estudiásemos la combustión sin introducirla en el complejo del motor.

Los límites de la memoria

A propósito de la memorización de cifras, Hunter refiere que la extensión media es la siguiente: 2 cifras a los dos años y medio, 3 cifras a los tres años, 4 cifras a los cuatro años y medio, 5 cifras a los siete años y 6 cifras a los diez años. Como sucede en todas las otras formas de aprendizaje, la facilidad de este no crece en manera proporcional con la edad. Se llega, por así decirlo, a un punto de saturación, a un umbral más allá del cual no es posible llegar. Entre los quince y los treinta años el valor fijado medio de las cifras que pueden recordarse oscila sobre 7. Después tiene lugar un declive muy lento. Entre los cincuenta y los sesenta años la media se reduce a seis, o sea al nivel de los diez años. Puede decirse que este fenómeno corre paralelo al crecimiento físico.

Las investigaciones relativas al sexo de los sujetos no han dado, por el contrario, resultados apreciables, especialmente en los experimentos realizados con las cifras o con las sílabas sin sentido. En general, se obtienen los mismos resultados en los hombres que en las mujeres. Si existen diferencias, corresponden más bien a los intereses, en parte derivados de una estructura natural y en parte como producto cultural. En efecto, es al papel de madre al que se debe gran parte de los intereses de la mujer, y no se ve, por lo menos ahora, cómo puede superarse o enajenarse este papel. Lo mismo puede decirse de la función masculina de *homo faber*, a través de la cual se realizan todas aquellas estructuras que permiten la extensión y el mejoramiento del ambiente vital. Ahora bien, no nos cansaremos nunca de repetir que el interés es el resorte que facilita el aprendizaje y, en consecuencia, el recuerdo. Incluso nos aventuraremos a afirmar que el hombre vale en proporción al número de intereses en que se basan sus actividades. Suponiendo que no tuviera otras, la cantidad presenta una ventaja: la de hacer la existencia menos monótona.

Perfiles psicológicos

El método de los perfiles psicológicos ha nacido de la idea de poder representar gráficamente, el resultado conseguido en las pruebas aplicadas a las diversas funciones mentales. Si llevamos sobre líneas paralelas verticales el valor, o sea la puntuación, alcanzada en cada prueba por separado y después unimos los vértices (una especie de diagrama muy semejante al de las gráficas correspondientes al estado febril de un enfermo, al curso de la temperatura del día o del año, a los índices de producción de una fábrica, etc.), tendremos así un perfil llamado de «tipo rectilíneo». Por el contrario, si llevamos los mismos valores sobre líneas dispuestas según los radios de una rueda, uniendo naturalmente los vértices, tendremos un perfil de «tipo circular». A continuación se citan, a título de ejemplo, algunos aspectos mentales o funciones que se someten a pruebas: atención, voluntad, memoria, capacidad de fijación, capacidad de juicio, ingenio, imaginación, observación, etc.

Las críticas que se hacen a estos métodos forman parte de aquellas otras, más generales, que pretenden refutar el concepto atomístico de la psicología. Según este último, la conciencia, la inteligencia, la personalidad, el hombre en suma, sería el resultado de una combinación de elementos simples identificables y descriptibles, como son la atención, la voluntad, la memoria, etc. De aquí parte la teoría pedagógica que todavía persiste, del adiestramiento de las facultades mentales como fin último de la educación, en muchas escuelas. Existen ejercicios cuyo fin es desarrollar la memoria, otros la voluntad, otros la capacidad de juicio y así sucesivamente. Esta teoría está muy aceptada por el sentido común y practicada activamente por los mejores educadores.

Sin entrar en el fondo de la cuestión, diremos solamente que el defecto principal del sistema de los perfiles no reside tanto en la distinción arbitraria (atomística) de las funciones de la psique, sino en la falta de una evaluación de la relación existente entre las funciones mencionadas. Efectivamente, ¿qué tipo de memoria se requiere, y en qué grado, para ser inteligente? ¿Qué tipo de atención: continua, concentrada, distribuida? ¿Qué tiene que ver la capacidad de juicio con el ingenio?

Al principio hemos mencionado dos casos de memoria visual auditiva, que acompañaban al genio. Pero todos tenemos experiencia de personas dotadas de especiales virtudes mnemónicas cuya inteligencia está en el plano de la más absoluta mediocridad. Finalmente, ya que hemos mencionado la inteligencia, intentemos definirla. Nunca estaremos de acuerdo. Para unos, será el éxito en la escuela; para otros será el éxito en la vida. Y el mismo éxito será visto desde ángulos diversos: en los negocios, en las relaciones humanas, en las propias aspiraciones.

Uno de los primeros estudiosos del perfil psicológico fue el ruso Rossolimo, ya en el lejano 1908. En 1927 Vera Kovarsky[1] realizó revisiones y adiciones al sistema. A nosotros nos interesa solamente la parte que se refiere al estudio de la memoria, dejando de lado todas las otras pruebas, necesarias

[1] V. Kovarsky — «La medida de la capacidad psíquica en los niños y en los adultos, normales y anormales», «El método del perfil psicológico», Alcan, París 1927.

para completar el mencionado perfil. Omitiremos también toda indicación sobre el sistema de puntuación que conduce al resultado final y a la clasificación del tipo examinado. Nos bastará saber que cada prueba se clasifica mediante una puntuación que va de 1 a 10 y que la prueba se repite dos veces: una inmediatamente, y la otra después de un cierto tiempo, con el fin de establecer la persistencia del recuerdo. ¿Y para la evaluación? se nos preguntará. No nos equivocaremos mucho si damos a las cifras su valor escolar.

Prueba de memoria auditiva del perfil de Rossolimo

Lectura de sílabas

Leer con voz alta y uniforme, tres veces consecutivas. Intérvalo de dos segundos entre cada sílaba. Repetición inmediata por parte del sujeto.

SEM	CO	BO	REN
TIM	EN	RE	UR
BAT	BO	NI	IR

Observaciones — Tono absolutamente uniforme. Ocultar de algún modo la boca para anular toda percepción visual. Evaluación: un punto por cada sílaba recordada exactamente.

Lectura de palabras

venir	verde	pan
lectura	peligro	cantar
robar	salto	veloz

Las mismas observaciones y recomendaciones que para el ejercicio anterior.
Idéntica evaluación.

Lectura de palabras asociadas con sílabas

no-horno	fi-oficina	men-momento
mur-murmurar	vo-volar	ma-mañana
dín-jardín	sus-suspendido	fan-afanar

Las mismas observaciones y recomendaciones que para los ejercicios precedentes.

Debe explicarse bien a la persona que la prueba consiste en repetir la palabra en la cual se encuentra la sílaba, que el examinador repetirá aislada al final de la tercera lectura.

Lectura de frases

«La mesa está puesta».   «¡Si supieras!»,
«El niño se lava»,   «El agua está fría»,
«Es la hora de comer»,   «El maestro está casado»,

«Date prisa»,
«El gato juega»,
«¿A dónde vas?»

Las mismas indicaciones que para los ejercicios anteriores. Como en las otras pruebas, el examinado no está obligado a respetar el orden con que se pronuncian las sílabas, palabras o frases. Idéntica evaluación.

Las mismas pruebas deben repetirse al cabo de una hora, por lo menos, para evaluar el poder de retención. Aquí debe mencionarse la curva del olvido estudiada por el psicólogo Ebbinghaus, en 1855, y que se basa principalmente en la retención de sílabas sin sentido. Este investigador logró establecer que, después de 20 minutos escasos, ya se olvidaban el

40 % de las sílabas aprendidas y, después de una hora, casi el 60 %. Además, ¿en qué se convertiría nuestro cerebro si no existiese la válvula de escape del olvido? Una válvula muy adecuada, que permite seleccionar los recuerdos, alejando aquellos más dolorosos para sustituirlos por los que puedan reconciliarse con la vida.

Memoria visual

Por lo que respecta a la memoria visual, el perfil de Rossolimo requiere una cierta cantidad de material que no es fácil
reproducir ni disponer de él. Sustancialmente se trata de figuras lineales sin significado alguno que pueda reconocerse entre otras del mismo tipo. El hecho de que no se parezcan a
ningún objeto conocido es muy importante, porque su reconocimiento debe excluir toda asociación o recuerdo que no
sea puramente visual. Ello no impide que la mente se es-
fuerce en reconocer en aquellas simples líneas un objeto familiar, en lugar del debido; este fenómeno obedece a la ley
psicológica de las formas, que, poco más o menos, dice así:
«Cuando nuestra mente se halla ante una forma desconocida,
tiende naturalmente a asemejarla y a reducirla a una forma
conocida». Es lo que en el lenguaje común se expresa con un
«parece».

10 figuras que deben mostrarse por separado durante 3 segundos

Cuadro de conjunto donde el sujeto deberá reconocer las figuras vistas por separado

Las figuras que deben reconocerse son 10. Se presentarán por separado al sujeto durante unos 3 segundos. Deberán después reconocerse en una tabla que contiene un total de 25 figuras, entre las cuales se hallan mezcladas aquellas 10. Se tendrá en cuenta el número de figuras reconocidas. La puntuación será de 0 a 10.

Esta prueba visual se presta a numerosas variantes. Por ejemplo, no existe nadie que no posea en su casa un cierto número de postales. Bastará clasificarlas por asuntos más o menos semejantes: paisajes, flores, panoramas, etc. Si para cada serie se puede llegar a las 25, tanto mejor. De la serie se separarán 10, cuidando de no seleccionar aquellas que presenten detalles demasiado vistosos y, por lo tanto, fácilmente identificables. Las 10 elegidas se someterán a la atención del examinado por separado y durante 3 segundos cada una. Terminada la operación se mezclarán con las otras 15 y después se descubrirán todas alineándolas sobre la mesa en filas de 5 cada una. A continuación se procederá al reconocimiento de las 10 mostradas anteriormente.

El mismo sistema podría usarse con fotografías de personajes poco conocidos, recortados de periódicos ilustrados, teniendo en cuenta las conocidas reglas de uniformidad (mismas dimensiones, mismos sujetos: todos hombres, todas mujeres, todos niños, etc.).

Puede hacerse otra variante empleando objetos de uso común. Por ejemplo, se tomarán un lápiz, una goma, un vaso, una cuchara, un anillo, una libreta, una caja de cerillas, un cuchillo, un paquete de cigarrillos y una postal; en total 10 objetos. También en este caso la elección debe ser lo más variada posible. Por ejemplo, si ponemos juntos una cuchara, un tenedor y un cuchillo, resultará más fácil recordarlos por asociación de ideas. Se reunirán los objetos elegidos en una caja y después se mostrarán uno cada vez, durante un momento, volviéndolos a la caja y fuera de la vista del sujeto. Se repite la operación durante tres veces presentando siempre los objetos en el mismo orden. El examinado deberá decir los nombres en el orden de aparición. Por ello se interrumpirá la puntuación en cuanto se altere la exacta denominación de los objetos según el orden mencionado.

Otro experimento del mismo género puede hacerse colocando en una caja 10 pequeños objetos diversos: caramelos, plumillas de dibujo, agujas imperdibles, monedas, etc., de manera que su conjunto sea perceptible de un vistazo. Se cubre la caja con un cartón y después se invita al examinado a que preste la máxima atención. Se separa rápidamente el cartón y se deja visible el contenido de la caja durante un par de segundos, después de lo cual se vuelve a tapar.

La prueba consiste en repetir el mayor número de objetos que se logra recordar. Difícilmente una persona, incluso dotada de buena memoria, será capaz de dar más de siete u ocho nombres.

Lo mismo puede decirse para el recuerdo del número de los objetos vistos y denominados en cantidades diversas. Para la prueba bastan unas simples hojas de papel, un lápiz y la más elemental capacidad de dibujo. Se trazan sobre la primera hoja una serie de círculos, por ejemplo 5, sobre la segunda 3 triángulos, sobre la tercera 6 cruces y así sucesivamente, variando cada vez los signos y su número hasta obtener diez hojas. Se presentan a la persona las hojas por separado, tres veces consecutivas, y después se le invita a referir cuál era el número de círculos, de triángulos, de cruces, etc. No debera advertírsele de qué se trata.

La puntuación será igual a los números exactamente recordados. En estas pruebas también es válida la repetición a distancia, siempre con objeto de comprobar la capacidad de retención.

Ver y recordar

El experimento que sigue a continuación, siempre basado en la memoria visual, nos sitúa ante los problemas que no corresponden solamente al mecanismo del recuerdo por sí mismo, sino también a las diferencias individuales, las elaboraciones y las asociaciones que caracterizan a cada individuo. Es el rechazo que la mente humana opone a la reelaboración mecanicista de los hechos. El recuerdo es una cosa estrictamente personal. El mismo número de radiaciones luminosas ha afectado y solicitado nuestra retina. Un aparato visual normal tiene poco más o menos las mismas capacidades receptivas que otro. Pero cuando los impulsos luminosos se traducen en ondas eléctricas que van a actuar sobre la corteza cerebral, las cosas cambian. Y cambian todavía más cuando a distancia en el tiempo se intenta evocar de nuevo aquellas sensaciones. El recuerdo pierde aquella objetividad originaria que habría debido conservar como hecho físico registrado por el ojo. Se convierte ahora en una reelaboración personal. En definitiva, nos hallamos ante este simplísimo hecho: dos o más personas asisten al mismo suceso, contemplan el mismo mensaje, ven durante un tiempo más o menos largo los mismos objetos, pero nadie las recordará de la misma manera. En su relato, en su descripción, encontraremos diferencias notables. Cada uno de ellos estará dispuesto a jurar sobre la veracidad de su recuerdo. Una cuestión de poca monta, si se trata de una divergencia entre amigos. Una cuestión capital si se trata, por ejemplo, de un testimonio ante un tribunal.

Pero volvamos a nuestro experimento. Dispondremos sobre una mesa un cierto número de objetos de uso común: botellas, vasos, cajas, ceniceros (8-10 elementos en total). Es aconsejable no alinear simplemente los objetos, sino disponerlos en grupos diversos netamente distanciados.

Se invita después a la persona a observar atentamente los objetos durante un tiempo de 5 segundos.

Las preguntas que pueden proponerse inmediatamente después son varias. Hemos tomado ya en consideración las que se refieren a la denominación de los objetos o a su número. En cambio, ahora pediremos informaciones sobre su color, sobre la materia de que están hechos y cómo están dispuestos sobre la mesa. Las respuestas se pedirán oralmente o por escrito, especialmente si se refiere a la posición de cada objeto.

El experimento tendrá pleno éxito si se realiza simultáneamente sobre varias personas. Las diferencias serán más evidentes y, por lo tanto, más fáciles de comparar.

La prueba puede realizarse también mezclando los objetos y solicitando al examinado que los disponga como los ha visto antes. Un test de esta clase no se limita a dar indicaciones sobre las capacidades mnemónicas de las personas, sino que también revela aspectos secretos de su índole, de su naturaleza más íntima. Descubriremos así al tipo desordenado que no se preocupa en absoluto del orden en que estaban antes dispuestos los objetos; el meticuloso demostrará que tiene también en cuenta los detalles más insignificantes; el tímido y el indeciso se mostrarán embarazosos durante el trabajo de sistematización de las piezas; otro será el comportamiento del tipo esteta, que cuidará de la disposición armónica; también actuará de manera diversa el tipo rico en imaginación, que no tendrá en cuenta la disposición inicial de los objetos para crear, en su lugar, una disposición suya, personal, original y caprichosa. Se dirá que todo ello no tiene que ver con la memoria. La respuesta es que cada prueba, cada test que solicita el recuerdo no finaliza en sí mismo, sino que tiene por objeto iluminar, aclarar y penetrar en la totalidad del misterio de la psique humana. Se estudian las partes del motor por separado, controlando su funcionamiento, pero siempre con una visión global, que es la de la armonía entre las diversas partes.

Por lo tanto, se trata de una organización personal de los recuerdos; su disposición basada en ciertas prioridades individuales, más marcadas con el transcurrir del tiempo. El recuerdo de ayer es generalmente más vivo que el de hace un año, o por lo menos más fiel. A medida que nos alejamos de los hechos, el recuerdo de las sensaciones languidece, se esfuma y confunde. La obra de reconstrucción no puede ser una reproducción fotográfica de lo que hemos visto o sentido. Ello no ocurre ni siquiera en los experimentos de repetición inmediata que hemos mencionado.

Hagamos otro experimento, con un cuadrado de letras, dispuestas al azar, como en el siguiente ejemplo:

R   P   T
O   Z   Q
B   K   E

Ejercitémonos observando atentamente durante algunos minutos con objeto de aprenderlo de memoria. Cuando supongamos que nos hallamos dispuestos probemos a repetirlo, pero no en el sentido exacto de la sucesión de izquierda a derecha y según la sucesión de las líneas, sino, por ejemplo, según las diagonales E Z R o bien B Z T. Si no se nos ha advertido antes, se nos hará muy difícil, lo que significa que lo que estaba en nuestra mente no era la «fotografía» del cuadrado. Nos habíamos aprendido aquellas letras con un cierto método, una cierta técnica, que es la aprendida con la técnica de la lectura y en la escritura. Un chino, por ejemplo, habría empezado por abajo para recordar y habría seguido un camino inverso al nuestro, o sea E K B, Q Z O, etc.

El recuerdo fotográfico de las imágenes o, como se dice en términos científicos, «imágenes eidéticas», es un poder que pocos individuos adultos poseen. Con mucha más frecuencia se encuentra este fenómeno en los niños. Ante todo, debemos pensar que el recuerdo de un niño, dentro de los límites en que existe, está compuesto exclusivamente de imágenes, faltando en él el medio sustitutivo de la misma imagen, o sea la palabra. La mayor parte de nuestros recuerdos se concreta en palabras y las palabras se organizan en frases sin que nuestras cuerdas vocales tengan que entrar en acción; se trata de una frase pensada enteramente, cuya pasionalidad más o menos intensa se revela todo lo más por levísimas contracciones de los músculos faciales. De la misma manera tenemos que pensar que un gato, inmóvil, con los músculos tensos esperando su presa, no tiene que repetirse mentalmente: «ahora sale el ratón. ¡Ahora sale!».
Si existe un pensamiento de este tipo, y debe existir, se hará solamente con imágenes.
Para algunos investigadores la memoria eidética (fotografía de la imagen) se hallaría en un peldaño inferior en la escala de la evolución, es decir, sería una etapa obligatoria en el pase de la memoria por conceptos. Por ello es bastante común en los niños y desaparece después casi totalmente en el adulto. Resultaría lógico que los famosos monstruos de la memoria fuesen colocados a un nivel mental inferior al normal. En muchos casos parece que precisamente es así, en es-

pecial para los que usan su facultad para recordar cosas sin ninguna necesidad, como páginas enteras del listín telefónico. ¿Quién no ha encontrado, por ejemplo, el tipo minucioso, siempre dispuesto a corregir a sus interlocutores sobre una fecha, distancia, una marca deportiva, etc? Este individuo ha empeñado todas sus fuerzas en aprender cosas que pueden encontrarse en cualquier manual, y no sabe hacer otra cosa; en ello confía la defensa de un prestigio personal que no ha tenido nunca.

De la memoria sensorial a la memoria conceptual

Las ventajas de la memoria conceptual sobre la sensorial han quedado demostradas mediante otro experimento realizado por los neurólogos americanos Carmichael, Hogah y Walter. Se muestran a las diversas personas figuras indefinidas llamadas «figuras estímulo», que pueden representar cualquier motivo, y que es sugerido acompañando la imagen con una palabra que dé una interpretación al dibujo. Si se invita después a los examinados a reproducir la figura vista, tenderán inconscientemente a adaptarla a la imagen que les ha sugerido la palabra que la acompañaba. Este es un fenómeno bastante común que tiene lugar siempre que tenemos que interpretar alguna cosa indiferenciada, como nubes, manchas, garabatos, etc. Un vecino nuestro, compañero de observación, sugiere la idea de un perfil humano, de un animal, de una máquina; y como por encanto veremos delinearse aquella figura, dándonos cuenta de detalles insospechados, y nos maravillaremos de no haberlos adivinado antes, tanta es la claridad de su revelación.

La memoria se vale de la imaginación y nos satisface nuestro descubrimiento. Alguna cosa ignorada, alguna cosa que escapaba de los esquemas de nuestra experiencia ha sido redimensionada y conducida de nuevo al campo de los objetos conocidos. Es un hecho que, sobre todo, nos tranquiliza.

La confirmación de que el mundo de la infancia es un mundo

construido casi exclusivamente con figuras, nos viene dada por la misma pasión de los niños hacia las imágenes. No se cansan nunca de observar. Los métodos de la enseñanza lingüística tienen su base en la asociación imagen-palabra. El niño que está aprendiendo a usar las palabras en lugar de las imágenes necesita pronunciarlas en voz alta. Cuando está solo y dialoga con sus juguetes tiene que hacerlo hablando; y precisará de un largo ejercicio hasta que las palabras sean solamente pensadas y por lo tanto, permanezcan secretas. Nace con ello nuestro ilimitado reino de la libertad; lo que pasa detrás de la frente de nuestros semejantes nos está absolutamente vedado, a menos que nuestro prójimo desee hacernos partícipes.

Entre otras definiciones, a nuestra civilización se le ha denominado la civilización de las imágenes. La calificación no está fuera de lugar; la televisión invade hasta las más remotas aldeas. Las revistas ilustradas están en todos los lugares. La industria cinematográfica es una de las más poderosas a nivel mundial. Todo problema, toda cuestión, todo estado de ánimo es reproducido en imágenes.

Los pesimistas ven en el conjunto de estos fenómenos una regresión; el retorno de la humanidad a un estado infantil; una pérdida de la facultad de hablar, razonar y pensar; un retorno a un estado hedonístico, diletante y superficial. Por el contrario, los optimistas prevén una profundización, un desarrollo de la consciencia, una mayor seriedad al afrontar los problemas, una integración de toda la humanidad hacia sus destinos. ¿Quién de los dos tendrá razón? Toda profecía es aventurada, pero probablemente ninguno de los dos grupos estará completamente en lo cierto. La resultante de las fuerzas que arrastran a la humanidad es siempre una incógnita; puede determinarse solamente para las cosas sucedidas, tarea reservada a la historia.

El perfil-escala de Vermeylen

También en el perfil-escala de Vermeylen (1929)[1] hallamos
pruebas que interesan directamente a la memoria. El objetivo
preciso del autor era la búsqueda de débiles mentales que no
superasen los 10 años de edad (edad considerada como nivel
intelectual). A diferencia de Rossolimo, no se limitó a construir, a través de las pruebas, un simple perfil de las personas,
sino que obtuvo también una puntuación global correspondiente a un cierto nivel intelectual. Por ejemplo, el que totali-
zaba de 45 a 70 puntos se clasificaba con una edad mental de 6
a 7 años. Con una puntuación de 70 a 90 la edad mental se ele-
vaba de 7 a 8 años, y así sucesivamente. Por lo tanto, el método
no se limitaba a un simple análisis de las «facultades», sino
que permitía emitir un juicio final, global, sobre el nivel mental. Algo muy semejante al cociente de inteligencia ideado con
la escala de Binet-Simon.

En total, el examen comprende 15 series de reactivos, cada
una de las cuales está repartida en 10 pruebas de dificultad
creciente. Cada serie corresponde a un aspecto de la inteligencia. Así, tenemos pruebas que corresponden a la atención,
la memoria, la imaginación, la asociación, el juicio, el razonamiento, etc. Finalmente, cada prueba debe realizarse con

---

[1] G. Vermeylen — «Les débiles mentaux. Étude expérimentale et critique». París 1923, Lambertin, Bruselas 1929.

especial atención por parte del examinador con objeto de captar las reacciones del sujeto ante la ejecución del reactivo. Se presenta una ocasión para descubrir algo más íntimo, más personal, más esencial, y no hay que dejarla perder. Junto al simple resultado numérico aparece también una tipología: el tipo rápido, el lento, el imaginativo, el objetivo, etc. El número desnudo dice muy poco. Es la dificultad que se presenta cada vez que se trata de valorar a una persona. Es el problema de todos los centros docentes: desde la escuela elemental hasta la universidad. No hay un estudiante ni un profesor que no desee ver completada su calificación con alguna palabra de aclaración que atenúe el rigor o confirme la generosidad. La insuficiencia del significado de los números es también confirmada por la creciente necesidad de los contactos y de coloquios, entre profesores y educandos.

Los reactivos de Vermeylen que se refieren a la memoria llevan sucesivamente los números 3, 4 y 5. Las denominaciones son las siguientes.

Reactivo de repetición

Se trata de un reactivo para reconocer la memoria immediata. Según el autor, el material usado para la prueba se compone de 10 cartones, correspondientes a los 10 grados en que se divide el reactivo. En el primer cartón está dibujado un objeto, en el segundo dos objetos, en el tercero tres objetos y así sucesivamente hasta el décimo, que tendrá el dibujo de 10 objetos.

Evidentemente, no es necesario empezar la prueba con el cartón número uno. Según la edad del examinado, podrá empezarse con los números 4, 5 y después proseguir o retroceder según el éxito positivo o negativo de la prueba. Dicha prueba consiste en lo siguiente: se muestra el cartón al sujeto y se le invita a repetir junto con nosotros el nombre de los objetos señalándolos también con el dedo. La prueba se formula tres veces, después de lo cual se le invita a repetir de memoria el nombre de los objetos. Se explicará el mecanismo de la prueba y lo que se requiere con las palabras más simples posibles.

La puntuación será la correspondiente al cartón cuyos objetos sean recortados y repetidos exactamente. Si, por ejemplo, la persona ha repetido exactamente los objetos dibujados en el cartón n.º 6 (es decir, seis objetos), pero no lo ha hecho para el n.º 7, la puntuación será de 6. El ritmo de lectura, durante la prueba, será de medio segundo para cada objeto. Hablemos del comportamiento mantenido durante toda la prueba. La timidez, la apatía y el entusiasmo son las actitudes más evidentes. Sin embargo, será durante la fase de la repetición de la última prueba, que no podrá ser superada, cuando el examinado pondrá en juego todas sus defensas para no sucumbir. Estas defensas pueden ser muchas, obstinadas e irreductibles, o bien débiles, indiferentes o inexistentes.

El tipo imaginativo, mitomaníaco, ambicioso, superficial, inventará y lo hará con miles de matices: con desenvoltura (el «cara dura»), con cierto embarazo (el atormentado por sensaciones de culpabilidad), o con afectado descuido (el tipo que «se las sabe todas»). El tipo objetivo reconocerá su importancia. Pero también aquí, ¡cuántas tretas! ¿Será precisamente objetiva la confesión o será un medio para obtener más consideración? ¿Acaso confesará porque no sabe inventar? ¿Querrá humillarse, confirmando la aceptación de un papel de segundo plano, adaptándose a una situación de hecho, por falta de impulso vital?

Vermeylen habla todavía de un tercer tipo, que define como tipo aproximativo, y que comprende a los apáticos e inestables. Unos son más o menos indiferentes a la prueba y no presentan ni siquiera el problema de la propia defensa por no tener nada que salvar; están exentos de esfuerzo e interés. Otros, por su inestabilidad, no tienen coherencia, consistencia ni continuidad; mezclan los recuerdos de una serie con otra; no logran mantener una unión entre la sucesión de los acontecimientos. Se trata de mentes confusas y divididas, es decir, «esquizofrénicas».

El reactivo no presenta excesivas dificultades de desarrollo por lo que respecta al material. Los diez cartones necesarios pueden realizarse con la máxima facilidad y con un poco de paciencia, ya sea dibujándolos personalmente, o bien sirviéndose de figuras que pueden recortarse de cualquier parte y que después se encolan. Bastará prestar atención de no elegir figuras demasiado diferentes entre sí por su valoración, tamaño o tipo de reproducción. Los cartones pueden ser también sustituidos por cajas que contienen objetos reales. Basta una sola caja a condición de cambiar todos los objetos cada vez. El mismo objeto no debe nunca presentarse dos veces.

En este experimento al factor visual se añade también el auditivo. Al objeto se acopla también su denominación, que el examinado repite para poderlo recordar mejor.

Reactivo de recuerdo

Se trata de un reactivo para reconocer la memoria inmediata o a distancia.

Lleva el número 4 y su finalidad se halla implícita en su misma definición. Se trata de repetir alguna cosa bien aprendida hoy al cabo de un par de días. Hemos hablado de la cura del olvido de Ebbinghaus; pues bien, se debe medir su validez sobre una escala individual. Se dijo que 20 minutos después de un ejercicio de aprendizaje, el 40% había pasado al olvido. Pero se trataba de una cifra media, o sea obtenida entre miles de casos.

Antes de continuar la explicación sobre la curva del olvido veamos en qué consiste el reactivo n.º 4 de Vermeylen y el número 3, más sencillo todavía. Reunamos 10 objetos diferentes en una caja; de ahora en adelante tendremos que ejercitarnos en estas tareas. La persona debe repetir sus nombres hasta que los sepa de memoria. También en este caso podremos tener en cuenta el tiempo que ha empleado para llegar al resultado; comprobaremos así la capacidad de aprendizaje del examinado. Dos días después le invitaremos a repetir los nombres de aquella serie aprendida de memoria; aunque no deberá saberlo para no falsear los resultados de la prueba, ya que en caso contrario se iría repitiendo mentalmente la serie de nombres hasta introducírselos en la cabeza de una manera definitiva; un caso de reaprendizaje intensivo que deseamos evitar. La puntuación asignada corresponde al número de los objetos recordados. ¿Cuál será el valor de la cifra obtenida para los que no usan la puntuación en el desarrollo general del test? ¿Juzgaremos suficiente el recuerdo de seis objetos por lo menos, para considerar al sujeto como normal?

La curva de Ebbinghaus dice que, para sílabas sin sentido, el recuerdo desciende, en dos días, al 30% aproximadamente. Por lo tanto, debería bastar el recuerdo de tres nombres por lo menos para entrar en la normalidad. Sin embargo, no debemos olvidar que en nuestro caso los nombres que deben recordarse son significativos, acompañados del dibujo del objeto, de la audición y de la repetición de las palabras; una concurrencia de factores que exigen una respuesta superior al 30%. Una vez más la puntuación escolar puede servir y satisfacer ampliamente.

Respecto a las consideraciones sobre el carácter que ya hemos intentado con el reactivo anterior, podemos también intentarlas con este. Nada grave y ningún peligro pueden aparecer si formulamos las hipótesis personales absolutamente reservadas, que nuestra experiencia cuidará de someter a una crítica continua y a una permanente revisión.

Reactivo de reconocimiento

Se trata de un reactivo para reconocer la memoria evocadora. Lleva el número 5 y tiene como finalidad el reconocimiento de dibujos vistos aisladamente, mezclados con otros no conocidos. El material que se requiere es el siguiente:

Diez tablas en las que se han dibujado figuras que deben mostrarse al examinado durante un segundo. La primera tabla contiene una sola figura, la segunda dos, la tercera tres y así sucesivamente hasta la última, que contiene 10.

Otras diez tablas más han reproducido los dibujos mostrados anteriormente, mezclados con otros. La primera tabla mostrada, que contenía un solo dibujo, ahora contiene 4, entre los cuales él deberá reconocer el mostrado primeramente. La segunda tabla contendrá 6 dibujos, la tercera 8, la cuarta 10 y así sucesivamente. El número de los dibujos aumentará dos por cada grado. La tabla número 10 contendrá 22 dibujos.

Se trata de una prueba muy semejante a la que hemos encontrado en el perfil de Rossolimo, con la ventaja de ser más gradual y mejor planteada. También aquí los dibujos carecerán de significado, por los motivos ya indicados. La persona debe ser puesta al corriente sobre las modalidades de la prueba y sobre lo que se pretende de él. También en este caso, como para el reactivo anterior, será útil empezar la prueba por el grado aproximadamente correspondiente a la edad de la persona examinada; es inútil, por ejemplo, empezar la prueba número uno con un niño de 10 años, ya que en tal caso es evidente que no tendrá dificultades en reconocer el dibujo mostrado en medio de otros cuatro. El resultado de la prueba, cualquiera que sea el grado de dificultad que hayamos elegido como primer experimento, nos dirá si debemos proseguir hacia adelante o retroceder hacia atrás. La puntuación corresponde al número de la serie reconocida sin error. Las observaciones que se han presentado en las otras pruebas son aquí más difíciles, ya que las turbaciones experimentadas son menos evidentes; en caso de que se manifiesten, deberá tomarse nota para extraer las necesarias consecuencias. A título de ejemplo mostramos los dibujos que pueden proponerse al número 3 y al número 4, para demostrar lo fácil que es su conexión.

Dibujos que deben mostrarse durante un segundo

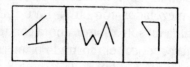

Gráfico en el cual deberán reconocerse

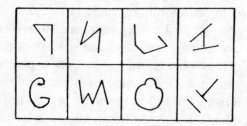

Dibujos que deben mostrarse durante un segundo

Gráfico en el cual deberán reconocerse

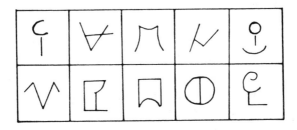

Memoria e imaginación

El perfil-escala de Vermeylen ofrece todavía algún reactivo que podemos utilizar para el estudio de la memoria, aunque el autor lo califica como específico para la evaluación de la facultad imaginativa. No nos perderemos en el intrincado terreno de las discusiones surgidas a partir del desarrollo de los estudios psicológicos, tendentes a definir y delimitar las esferas de los fenómenos de la memoria con los correspondientes a la imaginación. Los límites de las dos facultades, si así podemos todavía llamarlas, son tan tenues, tan imprecisos e interferentes, que es imposible determinarlos, por lo que nos atendremos a la explicación que nos da el sentido común. Si en una reunión de amigos se nos pregunta en un momento determinado: «¿Recuerdas el pasado verano, cuando estábamos en…?»; la pregunta no admite equívocos, y estamos invitados a recordar aquel viaje, aquel dato especial, aquella persona, aquella comida, del modo más objetivo posible. Nuestra honestidad nos lleva a adoptar las debidas reservas sobre aquello que no se presenta a nuestra mente con claridad y precisión. Es cierto que podemos equivocar, confundir, posponer o anteponer sucesos, pero lo hacemos de buena fe.

Pero si el mismo amigo se nos dirige con una frase que suene así: «Supón, imagina, que el último verano, cuando estábamos en…», las cosas cambian completamente, ya no se trata de recordar sino de imaginar. Entonces es nuestra fantasía la que se ve implicada en una serie de imágenes irreales, hipotéticas, tal vez paradójicas, con objeto de encontrar una solución a aquella premisa que históricamente no ha tenido lugar. La imaginación crea, la memoria recuerda. Esto es lo que dice el sentido común, dejando aparte las sutilezas psicológicas. El reactivo que nos proponemos utilizar lleva en el perfil-escala de Vermeylen el n.º 6, y se llama: «Reactivo de inversión o de imaginación simple». se trata de una especie de estudio de las «facultades fotográficas» de nuestra mente. El sujeto es requerido a un análisis de palabras, hecho de un modo nuevo que le obliga a recordar por entero la imagen visual; precisamente debe verla en su estructura total. El material consiste en diez cartones conteniendo cada uno de ellos una palabra de longitud creciente, según una proporción establecida. En efecto, la primera palabra estará compuesta de dos letras y la décima de once. La prueba se desarrolla del modo siguiente: se presenta al niño el cartón que contiene la palabra, que leerá en voz alta y nombrará las distintas letras que la componen. Ejemplo: si el cartón contiene la palabra «PERA», después de haber repetido con voz clara «pera», dirá: pe, e, erre, a. Ocultando el cartón, se invitará a repetir las letras, pero empezando por la última: a, erre, e, pe. En la evaluación tendremos en cuenta el número del cartón cuya palabra ha sido analizada al revés sin cometer errores. No está prevista ninguna tipología de comportamiento durante la prueba. La serie de palabras propuestas puede ser la siguiente:

TE	REFUGIO
AMO	ELEFANTE
PERA	RASTRILLO
TORTA	MAQUINISTA
BASTON	IMPERMEABLE

Más complejo en cuanto a ejecución es el reactivo que lleva el n.º 7, llamado «reactivo de parejas o de asociación simple». Se compone de dos pruebas: una se hace con dibujos de objetos reales y otra con dibujos abstractos. La particularidad del experimento consiste en que cada dibujo alterna su coloración, es decir, un dibujo es rojo y el otro negro, reunidos en una pareja. Por ejemplo, tendremos una botella negra junto con una escalera roja, un círculo negro junto con una espiral roja, y así sucesivamente. Las tablas que reproducen objetos concretos son cinco, y otras tantas las que reproducen dibujos abstractos. La primera tabla contiene dos parejas de objetos o dibujos y la última, la más difícil, seis parejas. La dificultad creciente aumenta en una pareja cada tabla, de modo que entre las pruebas con objetos completos y las pruebas con dibujos abstractos, se llegará siempre al número máximo de 10. Se empezará con la tabla «objetos concretos» con dos parejas, se pasará después a la tabla «dibujos abstractos», también con dos parejas, y se procederá de esta manera alternando las dos series. La prueba consiste en lo siguiente: se presenta al sujeto la tabla n.º 1 y se le dice que la observe atentamente, porque deberá fijar en su memoria la combinación de cada dibujo rojo con el correspondiente dibujo negro. Después se pasa a la denominación de las parejas, con cierta rapidez, diciendo: «La botella negra con la escalera roja», «La hoja negra con el reloj rojo». La enumeración de las parejas debe repetirse tres veces. Aparte deben estar preparados cartones que reproducen por separado los dibujos rojos y los negros. Después de haberlos separado y colocado delante del sujeto, se le invitará a volver a formar las parejas vistas en las tablas de conjunto. Para la puntuación se utilizará el último ejercicio realizado sin cometer errores.

Mostramos a continuación las parejas de objetos que Vermeylen propone en sus tablas.

Ejercicio n.º 1 (con objetos concretos)

Ejercicio n.º 2 (con objetos abstractos)

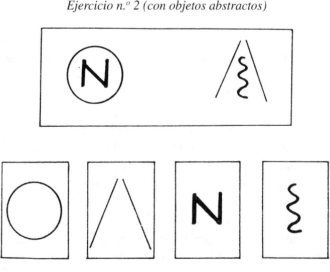

Recordemos que el primer elemento de la pareja debe estar pintado de negro y el segundo de rojo:

Tabla n.º 1	(ejercicio n.º 1): botella-escalera; hoja-reloj.
Tabla n.º 2	(ejercicio n.º 3): barca-casa; árbol-paraguas; martillo-pera (recuérdese que deben alternarse los dibujos concretos con los abstractos).
Tabla n.º 3	(ejercicio n.º 5): pala-vaso; mariposa-jamón; tijeras-vela; zapato-polluelo.
Tabla n.º 4	(ejercicio n.º 7): espada-silla; escoba-taza; cesto-cepillo; peonza-trompeta; llave-pelota.
Tabla n.º 5	(ejercicio n.º 9): flor-pipa; hoz-rueda; cabaña-bandera; regadera-gato; sacacorchos-lámpara; luna-sable.

Siempre invocando la buena disposición, no consideramos excesivamente difícil la reproducción sistemática de los dibujos propuestos. Para los absolutamente negados al arte pictórico queda todavía un camino: el del calco. Un lápiz o bolígrafo rojo y otro negro sirven perfectamente para esta tarea. Tampoco será un gran problema si las parejas no corresponden rigurosamente a las que hemos indicado.

En cambio, el problema se presenta más complejo por lo que respecta a los ejercicios con los dibujos abstractos. En primer lugar su reproducción; un conjunto de veinte parejas, o sea cuarenta dibujos diferentes entre sí. Pero también pueden utilizarse números, letras del alfabeto, figuras geométricas, etc. Puesto que no podremos dar un nombre a nuestros dibujos, nos será imposible emplear la frase primera: «La botella negra con la escalera roja». Por ello tendremos que tener a nuestra disposición cartones que reproduzcan por separado los dibujos y demostrar prácticamente lo que el sujeto tiene que hacer, con una frase ilustrativa: «Este va con aquel» siempre repetido tres veces, antes de pasar a la prueba reconstructiva por parte del examinado. Vermeylen advierte que desde el ejercicio n.º 7 en adelante, la repetición de la denominación de las parejas se reduce a dos veces, en lugar de tres. En efecto, esta excesiva fraseología amenazaría convertirse en demasiado larga, y en lugar de ayudar a la asociación terminaría por generar confusión.

Muchas e interesantes son las observaciones que pueden hacerse de los sujetos durante la ejecución de las pruebas. Cada uno de ellos tiene su modo especial para acertar mejor, para asociar mejor, para recordar mejor. Existe un tipo que siente la necesidad de repetir a media voz el nombre de los conceptos; desea confiar su memoria al sonido, unir conjuntamente las palabras «botella-escalera», tal vez porque no confía en su memoria visual o precisamente porque le falla su facultad auditiva y desea reforzarla, o puede que quiera ostentar una atención que en realidad no presta, exagerando su comportamiento. En compensación existe otro tipo que casi no oye el sonido de nuestra voz; su atención está concentrada totalmente en la mirada, aunque esto lo sabremos solamente cuando el niño llegue al trabajo de reconstrucción. Al que haya «fotografiado» el cuadro en su conjunto le preocupará primero dar a las figuras el orden que tenían; más que por acoplar los elementos se preocupará de las nociones alto, bajo, derecha, izquierda, por ser su recuerdo de conjunto, topográfico o global; bajo el impulso obsesivo «de la reproducción fiel» puede manifestar incertidumbre, dudas, correcciones y repeticiones, tal vez no ha comprendido bien lo que nosotros deseamos y no admite o no logra concebir que pueda hacerse de otra forma. ¿Se trata de una limitación en la inteligencia o una disposición para el orden? El resultado de la prueba lo debe decir; sus esfuerzos pueden no haber conducido a nada o bien pueden haber alcanzado el resultado deseado, con la notable diferencia existente entre estas dos posiciones. Lo mismo puede decirse para el tipo seguro, sin prejuicios, impetuoso, que considera como primera pareja la que estaba en el último lugar. Ligereza, superficialidad e inestabilidad ante un resultado negativo. Intuición, soltura y vivacidad intelectual en el caso contrario.

Imaginación creadora

Finalmente, el último reactivo que tenemos de Vermeylen lleva el n.º 13, está clasificado como «reactivo de reconstrucción» y corresponde a la imaginación creadora. Hemos mencionado ya la ley psicológica de la «acotación de formas». La mente humana no soporta lo indiferenciado, lo confuso y lo desconocido. Por ello, intenta reducirlo a formas conocidas, apelando a la fuerza de su imaginación, lo que también significa recuerdo, es decir, reclamación de formas ya conocidas, para confrontarlas, superponerlas, parangonarlas y, finalmente, encontrar aquella que más corresponde a lo que primeramente se presentaba como indiferenciada e inclasificable. Puede hablarse de imaginación porque la memoria sirve en este caso más como medio que como fin. La última decisión corresponde a nuestro personal modo de ver; por ello, el reactivo de Rorschach, cuya técnica se basa precisamente en la interpretación de manchas de tinta, se ha convertido en uno de los instrumentos de diagnóstico más usados para un estudio profundo de la personalidad.

Para la ejecución de este reactivo se necesitan diez cartones, sobre los cuales se hallan reproducidos dibujos incompletos. No es difícil prepararlos, sacándolos de cualquier libro ilustrado. Sin embargo, debe tenerse presente un he-

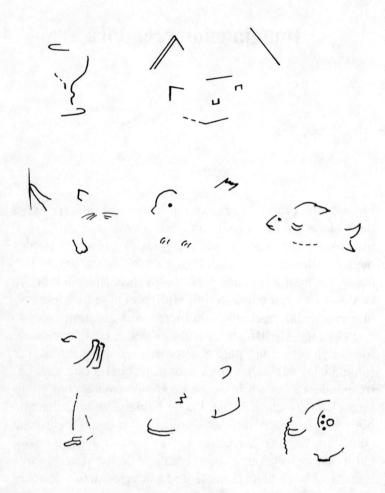

Ejemplos de figuras incompletas

cho: tanto la elección como la reproducción deben tener un cierto carácter gradual. Elegiremos objetos sueltos, evitando escenas o paisajes. Recargaremos el primer dibujo con más detalles, disminuyendo poco a poco su número;

incluso haremos un par con muy pocos trazos, como prueba decisiva. Los asuntos que podemos elegir son los más diversos: un niño que corre, un perro, un pájaro, una barca, una casa, un pez, etc. En nuestro caso no se trata de imaginar una forma, como en las manchas de tinta de Rorschach, sino de saber adivinar una, muy precisa y definible, con los pocos elementos que están en nuestro poder. A veces en la televisión se presenta algún concurso muy semejante, en el que se debe adivinar la cara de un actor partiendo de unos breves trazos de su fisonomía. El que no lo lograba, podía pedir un suplemento de dibujo, que hacía cada vez más completa la cara del actor. Naturalmente, el premio disminuía cada vez que se solicitaba un nuevo suplemento. Pero el concursante, tal vez sin saberlo, se sometía a un test que valoraba su imaginación creadora y, en definitiva, su memoria, medida al son de monedas de oro. En nuestro caso la evaluación es mucho más simple y mucho menos costosa. Un punto por cada figura adivinada. Vermeylen atribuye gran importancia a las deducciones que se pueden extraer de la observación del examinado durante la ejecución de esta prueba. Efectivamente, distingue cuatro tipos: el primero, que llama incoherente, da respuestas generalmente rápidas, impensadas; no hay razonamiento. El individuo se muestra más bien arrastrado por su fantasía, su humor, sin concretarse en lo que se ve. En este sentido no se detiene mucho a estudiar la figura. Si se le pregunta el por qué de su respuesta, se confunde, intenta mirarla mejor, pero no sabe encontrar una motivación concreta. El segundo tipo es el analítico, en el sentido de que se detiene en algún detalle. Su visión no va más allá. Es incapaz de llegar a la síntesis. El resto del dibujo queda subordinado a aquel detalle que le ha llamado la atención por primera vez, o que ha atraído más vivamente su atención.

Si ha visto en aquellas curvas el pie de un niño, falseará todo el resto en esta dirección. Se le hace difícil relacionar los miembros, aunque algunas veces, por pura casualidad, logre dar una respuesta exacta. Opuesto a este se halla el tipo constructivo, que estudia los miembros, uno por uno, detenidamente y de modo progresivo. Puede dar la impresión de una cierta ofuscación mental, desmentida después por la respuesta justa. Una especie de inteligencia germánica, para entendernos mejor: metódica, persistente y tenaz, que se opone a la del cuarto tipo: el intuitivo o global, que corresponde a la inteligencia latina, y al que le basta un vistazo para encontrar la respuesta. Es una reunión de los detalles que dura una fracción de segundo. O la figura aparece inmediatamente o ya no puede hacerse nada. No existe la posibilidad de un análisis lento y metódico, como tampoco hay constancia en sus aplicaciones. En cuanto a la calidad como escolar pertenece a la categoría de los que estudian poco, pero salen siempre bien librados. Como adulto es un tipo apto para el mando, para las invenciones y para las soluciones más rápidas e imprevistas.

Estas son solamente algunas de las consideraciones que podemos argüir observando el desarrollo de una prueba. Sobre nosotros se cierne la amenaza de la misma tipología que hemos formulado para los examinados. ¿Correremos el riesgo de ser también incoherentes, analíticos, intuitivos o constructivos? ¿Seremos capaces de reunir los detalles en una visión única y armónica? ¿Será exacta o errónea la repuesta que demos? En psicología, la prudencia y la modestia no se hallan nunca en exceso. No seamos máquinas que registren con absoluta objetividad. Cada uno de nosotros tiene su especial punto de vista, del cual será necesario despojarse todo lo posible. Tal vez un día logremos construir perfectos ordenadores que contengan infinitas posibilidades de asociaciones, de confrontación, de comparación, de deducción, a las que la mente humana ya no será capaz de llegar; tendremos así máquinas que serán más objetivas que nosotros.

La escala de Grace Arthur

Una prueba que podemos considerar, hasta cierto punto, como el reverso de la anterior es la que encontramos en la escala de Grace Arthur. En la de Vermeylen se tenía que adivinar un objeto del que se daba un número más o menos suficiente de trazos. En esta son todos los elementos de una figura los que se presentan en un cierto desorden y a través del examen de los cuales se debe primero intuir y después reconstruir dicha figura. No es un reactivo específico de la memoria, si bien la tarea de intuir y de reconstruir no pueden disociarse de la facultad de recordar. Es válida para niños de 6 a 15 años. Para su ejecución basta recortar de un periódico ilustrado la figura de un hombre, encolándola a ser posible sobre un cartón con el fin de hacerla más consistente y manejable. Se procede después a la división del cuerpo de la figura en seis trozos, y de la cabeza en ocho, mediante cortes de tijera más o menos regulares. Se disponen después los trozos sobre una masa en un cierto desorden y se invita al niño a recomponer la figura que, naturalmente, no debe haber visto íntegra. Se tendrá en cuenta el tiempo empleado, las soluciones parciales y el número de intentos.

El reactivo forma parte de los llamados «juegos de reconstrucción», conocidos también con el nombre inglés de «puzzle». Pueden encontrarse en todas las tiendas de juguetes, en todas las papelerías, y en tal abundancia de formas que resta únicamente la dificultad de la elección. El uso de materiales plásticos, que permiten la realización de los objetos más impensados a un costo muy bajo, ha difundido su conocimiento y aplicación en todas partes. Desde los simples cubos o tablillas coloreadas, hasta la reproducción fiel de aviones o navíos, existe toda una gama que ha suscitado el interés y el entusiasmo, no solamente de los niños, sino también de los adultos. Para los niños de hoy, que serán los hombres de mañana, este juego de reconstruir puede también considerarse como adiestramiento, como una preparación para la entrada en la sociedad tecnológica, al trabajo de fábrica, a las cadenas de montaje. Para los adultos, según las actuales teorías psicoanalíticas, es una prueba de la imposibilidad de salir del mundo enloquecedor del trabajo o bien un intento desconocido de aceptación del trabajo como juego y, en consecuencia, liberación del mismo. Sea lo que fuere, queda el hecho de que el juego de los niños es una etapa obligatoria para llegar al trabajo de los adultos. Por ello, toda civilización posee sus juegos y proporciona a los niños sus propios juguetes. Otra prueba relacionada con la descrita es la siguiente: elijamos de un libro ilustrado la cabeza de una persona o bien una figura entera. Debe tratarse precisamente de un dibujo y no de una reproducción fotográfica; reproduzcamos esta figura, siempre por medio de calco y durante un buen número de veces, por ejemplo 10, pero en cada una de ellas olvidaremos un pequeño detalle: el puntito que indica la pupila de un ojo, un botón de la americana, el lóbulo de una oreja, etc. Estos detalles intencionadamente olvidados deberán ser poco vistosos, para no llamar inmediatamente la atención.

Después, invitaremos al niño a observar las figuras y a que diga si falta alguna cosa. Es un juego que requiere mucha atención, espíritu de observación y capacidad de análisis; no obstante, la memoria tiene también aquí una considerable importancia.

Sobre este punto de partida puede continuarse, disponiendo, por ejemplo, una serie de objetos sobre una mesa; se ruega al interesado que se fije con la máxima atención en su orden, advirtiéndole que, durante una breve ausencia del examinado, se modificará dicha disposición. Radica en nuestra habilidad saber hacer la prueba gradualmente más difícil y complicada, con desplazamientos cada vez menos evidentes y por tanto menos perceptibles. El juego puede variar, reclamando la atención sobre objetos de los vestidos de las personas presentes. Se trata de adivinar las variaciones que se realizan; un botón desabrochado, un cordón de los zapatos desatado, la corbata mal anudada, un mechón de cabellos despeinado; no faltarán detalles y hallazgos cada vez más sutiles, cada vez más impensados. No será fácil establecer una puntuación con la cual se pueda clasificar la capacidad mnemónica del niño; sin embargo, se conseguirá una indicación de mediocridad, superioridad, o de insuficiencia. Indudablemente, el resultado nacerá de la comparación entre dos o más niños; el número de las mismas pruebas logradas o falladas será la medida.

Pueden intentarse pruebas del mismo género utilizando rectángulos de papel de color. Puede pedirse al sujeto que reconstruya el orden de los colores, después de haberle dejado que los observe durante un cierto tiempo, y recordándole los ejemplos que ya hemos dicho a propósito de cifras, objetos, etcétera. Para variar se puede disponer una serie de colores de la cual deberá después averiguar las eventuales modificaciones realizadas durante la acostumbrada breve ausencia del sujeto. Para hacer todavía más difícil el ejercicio: se puede, por ejemplo, sustituir un rojo oscuro por un rojo más claro o viceversa; descubriremos así individuos que tienen escasa memoria para los colores, profetizando fácilmente que nunca serán pintores célebres. En algunas revistas ilustradas se suele hacer uso de viñetas parecidas que difieren solamente en un cierto número de detalles que deben descubrirse comparando ambas; debe reconocerse que estas diferencias suelen generalmente elegirse con sutileza y difícilmente se logran encontrar todas, lo cual desanima un tanto.

La escala de Descoeudres

En 1930, Alicia Descoeudres[1] ideó una escala para el examen de la inteligencia de los niños de dos a siete años. Los reactivos utilizados permiten emitir un juicio sobre el grado de habilidad manual, sobre la capacidad de discernimiento, de lenguaje, sobre la formación del concepto de número, etc. Como siempre, el factor memoria se mezcla en las pruebas aunque no sean específicas. Efectivamente, si se invita al niño de dos años a ensartar 20 cuentas de vidrio en un hilo de algodón, no hacemos otra cosa que obligarle a reclamar de su memoria toda la serie de los movimientos necesarios para realizar la operación. Si realizamos en su presencia los movimientos de un nadador y le invitamos a decirnos lo que hacemos, pedimos a su recuerdo la coordinación y el reconocimiento de dichos movimientos. Es fuerte la tentación de hacer de la memoria el substrato de cada una de nuestras acciones.

Nos limitaremos a mencionar algunas de las pruebas más originales y más significativas, remitiendo a la escala de Binet-Simon las correspondientes a la repetición de números, palabras o frases, que en la escala de Descoeudres tampoco faltan. Al que quiera experimentar, se le recuerda que se trata

[1] Alice Descoeudres — «Le développpment de l'enfant de deux à sept ans» Niestlè, París 1946 (1.ª ed. 1930).

de niños pequeños, de muy corta edad, con los cuales es necesario usar un lenguaje y un modo adecuados; toda operación que se requiera debe primero comprenderse enteramente y repetirse a título de ejemplo; en ningún caso se recurrirá a regaños o presiones de ninguna clase; las eventuales correcciones se realizarán con la máxima naturalidad y sin tonos despreciativos. En suma, todo aquel que vaya a penetrar en la psique de los otros deberá proveerse de las necesarias dosis de cortesía, espera paciente, indulgencia y desinterés. Evidentemente, todo ello para el buen logro de las pruebas mencionadas, que pueden ser falseadas por nuestra más mínima turbación y para conseguir una objetividad en el juicio de las reacciones del niño que estamos examinado.

Empecemos por un niño de dos años y medio. Se requieren cuatro cartones grandes, cada uno de los cuales se divide en cuatro partes iguales. En cada una de estas partes se dibuja un objeto conocido por el niño y que tenga un color diferente. Por lo tanto, son en total 16 objetos, que después deberán reproducirse en las mismas dimensiones y en el mismo color sobre dieciséis cartones. Se disponen a continuación los cuatro cartones, de manera que los colores más vivos queden en los extremos y los más apagados en el centro. Se entregan entonces al niño los cartones en los que están representados los objetos sueltos, invitándole a colocarlos en su lugar exacto. En caso de dificultad, la prueba puede realizarse en dos veces, es decir, con dos cartones solamente. El tiempo requerido es de un máximo de 7 minutos y 15 segundos. Se inicia el cálculo del tiempo exclusivamente cuando se tiende la certeza de que el niño ha comprendido el juego. La misma prueba puede hacerse sustituyendo el dibujo de los objetos por la imagen de una lámpara diversamente coloreada. En tal caso, el tiempo máximo para la prueba se elevará a 8 minutos y 44 segundos.

A los dos años y medio puede experimentarse el juego de los mimos. La representación mínima lleva consigo algo de arcaico, mágico y esencial. Desde las danzas rituales de los primitivos hasta los ballets modernos, desde los dibujos mágicos hasta las alegorías, banderas y blasones; toda una gama de manifestaciones que llevan implicadas exigencias artísticas e interpretativas de una realidad inefable.

Dependerá de nuestra capacidad representativa que el niño tome gusto al juego y manifieste su satisfacción en secundarnos. En consecuencia, haremos ver que tomamos una pluma imaginaria, un papel también imaginario y empezaremos a escribir; en un determinado momento, siempre continuando con la acción preguntaremos: «¿Qué estoy haciendo?». Una vez ha terminado la acción preguntaremos: «¿Qué he hecho?». Después, invitaremos al niño a imitar lo que nosotros hemos hecho y le haremos las mismas preguntas. Repitamos mímicamente otras acciones, como cantar, bailar, saltar, etc. Será suficiente para nuestra prueba que haya imitado tres acciones y haya respondido a las preguntas pertinentes. La autora considera que las tres acciones deben ser las siguientes: lanzar un objeto, escribir y cantar.

Pasando a los tres años, se puede repetir la prueba de los 16 cartones, disminuyendo el tiempo máximo requerido de 7 minutos y 15 segundos a 5 minutos. Otra prueba consiste en nombrar tres colores: negro, blanco y rojo; para ello, se preparará una tira de cartón sobre la cual se colocarán pequeños rectángulos de colores de 6 × 2 cm. Los colores deberán ser de tonos muy definidos: rojo, verde, negro, rosa, blanco, violeta, gris, amarillo, marrón, azul. Indicar sucesivamente tres colores pidiendo sus nombres.

Repetir el ejercicio si se ha cometido un error la primera vez. Puede prepararse también una mesa en la que se han dibujado 12 figuras muy claras y que representan partes del cuerpo humano: cabeza, piernas, ojos, nariz, etc. Después de nuestra petición, el niño deberá reconocer inmediatamente la mano y el pie.

A los tres años y medio intentaremos experimentos ya algo más complejos. Tendremos dos cartones, cada uno de ellos dividido en cuatro partes; cada parte lleva dibujado un niño con una pelota. El color del vestido del niño y el de la pelota son diferentes. Los mismos dibujos se hallan reproducidos aparte, en cartones sueltos. El ejercicio consistirá en su exacta superposición, teniendo presente que cada figura bien colocada será retirada inmediatamente, de manera que ante el sujeto permanezcan siempre descubiertas las ocho figuras entre las cuales deberá realizar su elección.

El máximo número de errores admitidos es de cuatro. Se consideran como tales toda colocación equivocada, aunque se trate del mismo cartón. Para la representación mímica, de la que ya hemos hablado, la autora propone las siguientes acciones: toser, empujar, saltar, o bien empujar, retroceder y andar. Para la determinación de los colores sugiere el amarillo, el rosa y el verde. Otro ejercicio interesante es el de la clasificación por especies. En este caso también se necesitan muchas figuras, precisamente 24; pero no deberá preocuparnos aunque sean menos, lo importante es que algunas (cuatro, precisamente) representen animales u objetos fácilmente clasificables bajo una denominación única, cuatro plantas diferentes, etc. Antes de proceder al ejercicio es aconsejable mostrar las figuras sueltas con su denominación correspondiente: «Esto es un león», «Esto es una rosa», «Esto es una bicicleta». Se invita después al niño a poner juntas todas las figuras que se parezcan y a título de ejemplo se tomará, entre los dibujos desordenadamente esparcidos sobre la mesa, el que representa la rosa u otra flor cualquiera, y se la pondrá aparte. El niño debe proseguir en la elección de las otras flores sin que esta palabra sea nunca pronunciada por nosotros. Diremos: «Pon juntas las figuras que van bien con esta, las que se le parezcan o las que sean de la misma especie». Si el niño logra y lleva a término las debidas clasificaciones, le preguntaremos qué ha puesto en cada lugar. Evidentemente, la elección de las figuras es la operación más difícil precisamente por parte del que propone la prueba. En efecto, la clasificación no procede en el niño con los mismos criterios más o menos científicos que encontramos en el adulto. Así, serán sólo aves los animales que vuelen y no lo serán las gallinas, las ocas y los patos. Más fácil será la clasificación si podemos hacerla con objetos reales; tiene menor dificultad para el niño poner juntos un trozo de pan, un bizcocho, un caramelo, un trozo de queso, bajo la denominación de cosas que se comen, y será facilísimo tomar las cuatro flores que nosotros habíamos mezclado junto con otras cosas.

Pasando a la edad de cuatro años, vemos que algunas de las pruebas se repiten, reduciendo el tiempo máximo. La reservada a los niños de dos años, «16 formas en 16 colores», para la cual se requería un tiempo de 7 minutos y 15 segundos, se vuelve a proponer con un tiempo de 1 minuto y 46 segundos. La de las 16 lámparas (tiempo 8 minutos y 44 segundos) se reduce a 3 minutos.

Una prueba para ensayar la justa colocación espacial de un objeto (por lo tanto, el recuerdo de su posición) puede realizarse del modo siguiente: dos cartones, divididos cada uno de ellos en cuatro partes, presentan el dibujo de un objeto en sus cuatro posiciones posibles: derecho, invertido, inclinado a la derecha e inclinado a la izquierda. Puede dibujarse una llave, una botella, una silla, todos los objetos que tienen evidentemente una colocación usual. El mismo dibujo se repite en cartones separados. El niño debe colocarlos sobre los cartones en la posición en que se hallan de hecho colocados. Se quitan los cartones después de cada colocación exacta con objeto de dejar siempre los ocho espacios vacíos. Se entrega alternativamente uno de los objetos reproducidos: por ejemplo, una llave, una botella, una llave, una botella y nunca dos botellas seguidas. Se admiten solamente cuatro errores.

La prueba de coloreados con pelotas se complica a los cuatro años con la adición de otro color. Falta la pelota, pero el personaje tiene los pantalones, la americana y el cabello respectivamente de colores diferentes; por ejemplo: pantalones azules, americana roja y cabello amarillo. La autora del test indica los respectivos colores y el orden de representación de cada figura. Omitimos la transcripción, remitiéndonos a la fantasía del que quiera construirse el material; se recomienda solamente no presentar los cartones donde se hallan reproducidos los personajes sueltos para superponer, en el orden en que están dibujados sobre el cartón grande, y quitarlos cada vez, siempre con objeto de dejar la elección libre entre las ocho figuras.

A los cuatro años y medio tenemos también las lógicas reducciones del tiempo máximo en los ejercicios «16 formas en 16 colores» y «las 16 lámparas». De 1 minuto y 46 segundos a 1 minuto y 23 segundos para el primer ejercicio y de 3 minutos a 2 minutos para el segundo. Por lo que respecta a la prueba del reconocimiento de los colores, iniciada a los tres años con el blanco, el negro y el rojo, puede proseguirse con una graduación que presupone el exacto reconocimiento de todos los colores de nuestra tabla hacia los ocho años, dejando para estos últimos los tonos menos fuertes como el marrón, el violeta y el gris. Lo mismo puede decirse para el ejercicio de los mismos; cuando el niño haya resuelto con cierta facilidad y habilidad las acciones de echar algo, escribir y cantar, no existe motivo para que no se hagan otras imitaciones que poco a poco iremos proponiéndole. A nuestro juicio corresponderá la elección de las acciones que deberá repetir y que deberá necesariamente formar parte de su experiencia; por lo tanto, será inútil limitar el movimiento del que escribe a máquina a un niño que ignore la existencia de la máquina de escribir. En este aspecto existen otras observaciones de considerable importancia. ¿Se limita el niño a hacer lo que nos ha visto hacer o bien añade algo suyo? Cuando esto último ocurra registraremos el hecho de buen grado. El recuerdo de nuestro sujeto ha logrado ir más allá y se está convirtiendo en autónomo; se proyecta ya en el tiempo y su experiencia resulta ya enriquecida.

Si tenemos ocasión de desarrollar este juego en un grupo de niños podemos proponerlo con una simple pregunta: «¿Quién es capaz de imitar a uno que escribe (por ejemplo) una carta?». Y haremos realizar la imitación al primer voluntario; todos los otros tendrán la posibilidad de ver. Sin embargo, observaremos que la imitación no es completa, que falta algo, que la acción puede desarrollarse de un modo más complejo, y pasaremos al segundo niño el cual, muy probablemente, añadirá algún otro detalle, y así sucesivamente con todos los otros. Pretenderemos una acción cada vez más precisa, más rica y no por eso aislada y limitada al puro acto de la escritura, sino extendida a las acciones que preceden y que siguen al acto requerido por nosotros. Enmarcaremos nuestro hecho en su historia: abrir el cajón, tomar el papel, desplegarlo, destapar el tintero, mojar la pluma, adoptar actitudes de reflexión alternando con la acción de escribir, secar el escrito, plegar el papel, introducirlo en el sobre, cerrarlo, etc. Podremos alargar en el tiempo el antes y el después, a nuestro placer y según nuestra fantasía. Cada niño llamado deberá repetir la acción según el orden seguido por el que le ha precedido, y este será un ejercicio de memoria inmediata, que no le impedirá introducir, en el momento oportuno, todas aquellas modificaciones y adiciones que servirán para completar y enriquecer la acción en el sentido deseado por nosotros. Tendremos de este modo al alcance de la mano una selección de comportamientos que nos dirán varias cosas: los menos dotados en el campo de la imaginación (en el sentido propio de evocación de imágenes) no tendrán nunca nada que añadir a lo ya visto. Por el contrario, su esfuerzo se concentrará totalmente en recordar por lo menos los movimientos realizados por los otros, pero con frecuencia no lograrán ni siquiera esto; en cambio, los superdotados encontrarán siempre nuevos detalles; cada pequeña innovación aportada o sugerida por los más eficientes provocará en ellos una verdadera explosión de imágenes, relaciones y sutilezas. Muy pronto los menos rápidos estarán fuera de la competición, imposibilitados para recordar todas aquellas situaciones. En un momento determinado deberemos interrumpir una competición que podría llegar a amenazar con no tener fin. Evidentemente, este juego es viable en niños de 8 a 10 años.

Para los cinco años se propone un juego muy interesante aunque se ha revelado difícil en conjunto. Sobre dos grandes cartones divididos, como de costumbre, en cuatro partes, se hallan dibujados hombres cuyos brazos y piernas asumen posiciones diferentes. Las posiciones son las siguientes:

1. brazos en alto y piernas juntas;
2. brazo derecho bajo, brazo izquierdo horizontal;
3. brazo izquierdo bajo, brazo derecho horizontal;
4. brazos en alto, piernas separadas;
5. brazo derecho bajo, brazo izquierdo en alto;
6. brazo derecho en alto, brazo izquierdo horizontal;
7. brazo izquierdo en alto, brazo derecho horizontal;
8. brazo derecho en alto, brazo izquierdo bajo.

La posición de las piernas en estos cartones es siempre juntas en las figuras 1-2-3, y se separan desde la figura 4 en adelante. La disposición de los hombres en los cartones es como sigue:

1	2		5	6
3	4		7	8

Las figuras se reproducen después en las mismas dimensiones sobre cartones sueltos que deberán presentarse al niño en el orden siguiente: 1, 4, 6, 7, 3, 2, 8, 5. Después de cada colocación se debe retirar el cartón. El máximo número de errores tolerables es tres.

A los cinco años y medio, el juego con dibujo tiende a descubrir si el niño sabe distinguir la derecha de la izquierda. Tenemos los dos cartones grandes en los que se hallan dibujados unos zapatos, pero podrán ser también otros objetos, con tal de que tengan una orientación obligatoria (manos, guantes, etc.). Cada par de zapatos deberá ser de color único y un zapato estará colocado sobre un cartón y el otro sobre el otro cartón. Así, por ejemplo, habrá un par de zapatos rojos: el derecho sobre el cartón número uno y el izquierdo sobre el cartón número dos; tendremos cuidado de alternar sobre cada cartón un derecho y un izquierdo. El número prescrito de zapatos (u otros dibujos) es de doce en cada cartón. El número puede reducirse, pero no mucho, para no correr el riesgo de que el niño adivine por casualidad lo que se le pregunta.

A continuación se procede así: se colocan delante del niño los dos cartones grandes y se le dan los cartones pequeños (los habituales cartones en los que están dibujados los objetos sueltos) que reproducen los zapatos rojos, teniendo cuidado de ponerle en la mano derecha el zapato izquierdo y en la mano izquierda el derecho, con objeto de procurar confundirle las ideas. El juego no tiene en cuenta los errores cometidos, porque tiene una solución única: acierta o no. En efecto, la primera colocación puede ser exacta por pura casualidad y tal vez incluso la segunda, pero no así en toda la duración del experimento. Al primer error que cometa el niño nos fijaremos si su proceder ha sido puramente casual; pero si vemos que el niño ha puesto el zapato en posición equivocada y rectifica a continuación, entonces el acierto no es dudoso; ha comprendido perfectamente lo que se le pide. De todos modos siempre es bueno repetir la prueba dos veces.

Un segundo reactivo adecuado para los cinco años y medio sirve para detectar las nociones de edad. Efectivamente, se llama «juego de la edad». Se necesitan siete dibujos, o mejor siete fotografías, que representen: 1. un niño de seis meses; 2. un niño de cuatro años; 3. un niño de diez años; 4. un jovencito de diecisiete años; 5. una mujer de treinta años; 6. un hombre de cincuenta años; 7. un viejo de ochenta años. Es evidente que la edad indicada no es taxativa; lo que importa es que la diferencia notable entre una fotografía y otra, es decir, verificable incluso para un niño de cinco años y medio. Es necesario explicar bien al niño lo que debe hacer, incluso antes de ponerlo delante de las imágenes; se le dirá que debe colocar a la izquierda del tablero, indicando precisamente el lugar, la figura del niño menor; después la del niño un poco mayor, después la del niño todavía mayor, la de las personas adultas y, por último, la del más viejo. Se repite la explicación más veces, especialmente si el niño no ha estado atento o demuestra no haber comprendido.

Finalmente, se ponen ante el niño todas las imágenes mezcladas. Si se considera necesario, puede repetírsele la explicación una vez más, pero sin indicar las imágenes, ya visibles, ni siquiera con la mirada. Después se le deja solo, sin nuestra intervención. Cuando el niño ha terminado su elección, se le puede todavía preguntar: «¿Está bien así? ¿Has puesto bien las figuras?». Para este reactivo puede presentarse también el caso de que un niño no logre comprender en absoluto lo que pretendemos. Es fácil que sepa elegir exactamente por lo que respecta a los niños, pero que esté completamente desorientado en el mundo de los adultos y que apenas recuerde, según las instrucciones recibidas, que el último de su derecha debe ser el viejo. De todos modos, la evaluación es fácil; se consideran errores todos los desplazamientos que nos vemos obligados a hacer para colocar las figuras en el orden exacto. No se admiten más de seis errores.

La misma prueba se repite a la edad de seis años, aceptando un margen de sólo cuatro errores. Por lo demás, la repetición de los reactivos es siempre posible aumentando gradualmente las dificultades o disminuyendo el tiempo de ejecución. Otra prueba, también para los niños de seis años, reproduce sobre dos cartones sueltos la disposición idéntica de los objetos. Por ejemplo, sean estos una botella, un vaso, un plato y una cuchara. Cambiando el orden de sucesión se pueden obtener las combinaciones deseadas. Para la construcción de las tablas puede recurrirse al sistema de calco. Como siempre, después de la colocación del cartón deberá retirarse este. Los errores tolerados son tres, y precisa poner mucha atención para descubrirlos.

Para la edad de seis años se puede también repetir el juego llamado de las «posturas» (diversas posiciones de los brazos y de las piernas) reduciendo el número de los errores a un máximo de cuatro.

Para la edad de seis años y medio los reactivos propuestos son siempre del mismo tipo. «Dieciséis formas en dieciséis colores» deben realizarse en 55 segundos. El juego de las edades permite un máximo de dos errores; el de las posturas debería realizarse sin ningún error o como máximo uno solo. A los siete años, el juego de las lámparas en 16 colores debe realizarse en 1 minuto y 14 segundos. El de las figuras de colores, propuesto para los sujetos de cuatro años, se practica admitiendo un solo error.

Entre los siete años y medio y ocho, todos los juegos de que se ha hablado, deberán desarrollarse sin cometer errores.

Hemos expuesto todas las pruebas que la escala de Alicia Descoeudres, construida para una evaluación total de la inteligencia, nos ofrece para juzgar las facultades mnemónicas de un niño. Lejos de nosotros la idea y la pretensión de una excesiva rigurosidad científica, la cual requeriría la aplicación integral y escrupulosa de todos los ejercicios prescritos por dicha escala; por lo demás, esta aplicación debe llevarla a cabo personal especializado y con formación académica adecuada. No obstante, ello no excluye que la ejecución de dichos juegos no pueda proporcionar, aun a los que no estén especializados en la materia, elementos de juicio suficientemente válidos, especialmente si se expresan y aceptan con aquella amplitud de miras y aquella serena imparcialidad siempre necesarias.

Pero sobre todo es importante, particularmente para los no especialistas, tener a disposición un criterio de base, constituido por las mismas pruebas, que impida un juicio que peque de parcialidad, tanto por exceso como por defecto. Un padre que pretenda mucho de su hijo, se verá inclinado a calificarle por debajo de su valor real; el que se sienta satisfecho de él, se verá impelido a la sobrevaloración; ambos modos deben considerarse equivocados. Los test requieren una mayor objetividad. Esta es la prueba y estos son los resultados; no todos son genios ni todos son subdesarrollados. Los test son como un termómetro: dan la temperatura del momento pero no aseguran que esta sea la misma dentro de una hora o dentro de un día. Pueden acaso hacerse previsiones, pero nunca con absoluta certeza.

La escala de Valentine

La escala de Valentine, ideada en 1944 (Universidad de Birmingham), nos ofrece también otro material que podemos utilizar para nuestros test sobre la memoria[1]. Omitimos los cálculos y las indicaciones necesarias para establecer la edad mental del sujeto y el correspondiente cociente de inteligencia. Diremos solamente que deben superarse todas las pruebas indicadas, correspondientes a una edad determinada para intentar la ejecución de las siguientes. El logro de estas indica que la edad mental es superior a la edad real en el número de pruebas superadas. Pero, como ya hemos dicho, no necesitamos números, sino índices generales de normalidad. A título puramente informativo daremos la lista de todas las pruebas que se necesitan para un niño de un año y medio.

1. El niño sabe usar cinco o más palabras y usa espontáneamente dos en combinación.
2. Ha aprendido a no tocar ciertos objetos, con evidente acción de autocontrol, incluso cuando no recibe la orden.
3. Controla casi siempre sus necesidades fisiológicas.
4. Garabatea con el lápiz espontáneamente o por imitación.

---

[1] C. W. Valentine — «Intelligence tests for Young Children». Londres, 1944.

5. Sabe sacar un dulce de su envoltorio, si este no es demasiado complicado.
6. Si se le pregunta sabe indicar las partes principales de su cuerpo.
7. Sabe echar o dejar caer un objeto en una caja.
8. Imita la pronunciación de dos o más palabras que ya ha oído, pero que todavía no forman parte de su vocabulario.
9. Sabe usar la cuchara logrando introducirse el alimento en la boca sin derramar gran parte de su contenido.
10. Consigue andar por sí solo un cierto trecho.

Esto es, por lo tanto, todo lo que se requiere para considerar como normal a un niño de 18 meses. Estamos seguros de que casi la totalidad de las madres se sentirán orgullosas de sus pequeños. En el fondo no se les ha pedido mucho.

Las pruebas correspondientes a los dos años hacen especial hincapié en la memoria. Observar e imitar, son actividades que realizan todos los niños durante gran parte de la jornada. Disponemos de 8 a 10 dados, no importa si están coloreados o no, cuyas dimensiones no deben superar la capacidad de aprehensión de la mano de un niño de dos años. Pongámoslos uno encima del otro. Le diremos que estamos construyendo una bonita torre y le invitaremos a hacer otro tanto; deberá lograr superponer por lo menos cuatro dados sin hacerlos caer. Habrá superado así la primera prueba. Después deberá recordar el nombre de por lo menos tres objetos de uso común; efectivamente, la prueba parece bastante simple; un niño que sepa hablar, que no esté enfermo, tendrá un bagaje mucho más amplio de conocimientos, especialmente si, como indica el reactivo, se le señala el objeto y se le hace la pregunta: «¿Qué es esto?» En cambio, más difícil parece ser la prueba denominada «ensamblamiento de plantillas». De un rectángulo de cartón más bien grueso se recorta, internamente al mismo cartón, un triángulo, un cuadrado y un círculo. Se trata de volver a poner cada figura en el correspondiente espacio dejado vacío. No precisa ciertamente que la figura llegue a ser perfectamente ensamblada en su hueco. Bastará que el sujeto haya dado prueba de haber reconocido como iguales tanto los espacios llenos como los vacíos.

Tomemos una hoja de papel de carta. Pleguémoslo sobre sí mismo una o dos veces, llamando la atención del niño sobre lo que estamos haciendo; démosle después una hoja idéntica a la nuestra invitándole a hacer lo mismo. La prueba será superada si la hoja se dobla por lo menos una vez.

Pasemos después a la ejecución de órdenes. El niño debe dar prueba de comprender el significado de las proposiciones siguientes: «Pon el lápiz en la caja», «Ponlo sobre la caja», «Detrás, o delante de la caja». Deben realizarse por lo menos dos de las indicaciones. Otras órdenes comportan la elección de un objeto. Se disponen sobre un tablero algunas cosas muy conocidas por el niño y se le invita a coger una, a colocar otra sobre una silla, a entregar otra a una persona presente. De tres órdenes dadas, dos deben realizarse sin dudas.

finalmente, se puede pasar al juego de las imitaciones, del que ya hemos hablado ampliamente. Comer, beber, leer y escribir son las acciones que interesan en este caso. El niño comprende perfectamente que se trata de un juego y con frecuencia la imitación adquiere actitudes cómicas, espectaculares, durante las cuáles él mismo se complace de la hilaridad que suscita.

A los dos años y medio se vuelve a la ensambladura de las plantillas y se usa todavía el mismo cartón con las mismas figuras; pero si el sujeto, como debe de esperarse, realiza perfectamente la prueba, se pasa a la segunda, procediendo del modo siguiente: se quitan las figuras de sus encajes, se hace girar el cartón sobre sí mismo de manera que la exposición de las figuras cambie, y después se colocan las tres figuras de modo que no correspondan a sus propios agujeros. El niño debe colocar las plantillas en su lugar. Se le conceden dos intentos repitiéndose todavía la denominación de las partes del cuerpo (tres exactas sobre cinco indicadas), la de los objetos comunes (cuatro sobre seis indicados). Por lo que respecta a las imitaciones se pasa ahora a la ejecución de una acción real. Con un par de tijeras se hace un corte en un trozo de papel, después se colocan las tijeras a una cierta distancia del niño y se le invita a tomarlas y a cortar él mismo un trozo de papel. Debe conseguir practicar en la hoja un corte cualquiera. Entrando después en la esencia de la cuestión-recuerdo, intentaremos evocar mediante preguntas adecuadas, cualquier simple suceso reciente en el cual haya participado el niño. Es un ejercicio del que las madres hacen continuamente uso, pero que alguna vez, por su planteamiento o por lo que se espera de él, cae fuera de las posibilidades de una mente infantil. Por ejemplo, es perfectamente inútil pretender el recuerdo de cosas lejanas en el espacio y en el tiempo, como en vano solicitará la memoria de sucesos que se han desarrollado fuera del interés o de la comprensión del niño. Existen realmente madres que se obstinan hasta irritar a su hijito, que termina por reaccionar de modo totalmente negativo. Si pudiese traducir en palabras todo aquello que siente, tal vez diría así: «Mamá, ¿cuándo dejarás de exhibirme delante de todos los conocidos como un niño prodigio?». Por lo que respecta a la repetición de palabras bastará que sepa pronunciar, después de nosotros, palabras de tres sílabas.

A los tres años se repite todavía la ensambladura de plantillas, como a los dos años y medio. Se pondrá atención en la rapidez y precisión que habrán mejorado notablemente. Para la denominación de las partes del cuerpo exigiremos ahora cuatro contestaciones correctas sobre cinco, y para los objetos comunes aumentaremos de cuatro a cinco sobre seis. Para una acción real probaremos hacerle calzar los zapatos. Es un ejercicio cuyo éxito depende mucho de los hábitos adquiridos en familia. Para la repetición de números vale la prueba propuesta por Binet-Simon. Repetición de tres cifras. En cambio, una novedad está constituida por la aparición del laberinto; este medio es y ha sido ampliamente usado para calcular la rapidez de aprendizaje en los animales. Se encierra un ratón en una jaula y se le deja sin comida durante un cierto tiempo; empujado por el hambre explora el ambiente que lo circunda en busca de alimento; a través de una serie de pasos obligados puede llegar a un lugar donde pueda calmar su hambre. Colocado la segunda, la tercera y la cuarta vez en la misma situación, empleará cada vez un tiempo menor para llegar al lugar del alimento; signo evidente de que cada vez aprende alguna cosa y que recuerda lo que ha aprendido. Y también entre los ratones existirá el que aprenda primero, el que repetirá muchas veces los mismos errores y, finalmente, el que no aprenderá nunca, precisamente como ocurre con los hombres.

El laberinto que presentamos a un niño de tres años es tal en cuanto a su nombre, pero no lo es de hecho, como puede verse en la figura de la página 87: un simple rombo, un cuadrado, un rectángulo de borde doble con una abertura en el exterior. Contaremos alguna cosa a nuestro niño para interesarle en el experimento; le diremos que se trata de una calle, de la avenida de un jardín, de un canal de agua que hay que recorrer sin salirse fuera, sin tan siquiera tocar los bordes. Para este propósito nos serviremos de una varilla cualquiera y se le repetirá dos veces lo que deberá hacer: entrar por la abertura, girar todo alrededor y salir otra vez. Se admite un máximo de tres errores; si se necesitan cuatro pruebas para llevar a término la operación sin cometer ningún error, se considera la prueba superada en una mitad.

A los tres años y medio la variedad de las pruebas aumenta, pero como veremos, son ejercicios que cualquier madre ya ha propuesto centenares de veces, evidentemente sin la intención de emitir juicios sino bien como objeto de enseñar, solicitar, abrir la joven mente a las cosas del mundo. Así, las madres, sin haber frecuentado escuelas de pedagogía, resuelven maravillosamente la tarea de primeras e insustituibles grandes maestras de la humanidad.

La primera prueba es fácil y al alcance de todos. Bastará tener a nuestra disposición ilustraciones de escenas lo más familiares posibles (una calle, un jardín, una tienda, etc.) ante las cuales el niño será invitado a reconocer por lo menos dos de los elementos representados. Es muy difícil que no lo sepa hacer, especialmente si se halla en presencia de objetos conocidos. Para completar la investigación se harán preguntas relativas a lo que ocurre en la escena representada.

Un segundo experimento consiste en dividir por la mitad el dibujo de un animal conocido (un perro, un gato, un caballo, etc.). Es superfluo decir que la imagen no debe ser demasiado pequeña. Se disponen después las dos mitades de manera que los dos lados que deben unirse no correspondan y que estén convenientemente distanciadas. Se invita ahora al niño a recomponer la figura entera y la prueba se considera válida aunque las líneas no coincidan perfectamente; será conveniente no dejar ver la figura entera, o sea antes de cortarla.

Otra prueba muy interesante consiste en poner en la mesa tres platillos que contienen recortes de papel de colores diversos (negro, blanco y rojo). Cada platillo contendrá recortes de un solo color. Después se entregarán al niño, sucesivamente, recortes de papel de los tres colores, invitándole a poner cada uno de ellos en el platillo correspondiente. Se permite la rectificación espontánea de un trocito mal colocado. No deben realizarse errores; en caso contrario la prueba se considera superada en una mitad.

Para la repetición de sílabas se llega ahora al número de seis, contenidas en una frase de dos o tres palabras y nunca en una palabra única, cuyo significado sea también difícilmente captable. El plegado del papel debe hacerse dos veces, aunque las partes no correspondan y no queden bien encuadradas. El juego de la imitación se transforma en un juego de sociedad. Se invita al niño realizar acciones o a que finja acciones donde su fantasía encuentre un modo de exteriorizarse. Fingir estar enfermo, hacer de médico, comprar o vender alguna cosa. Por lo demás, actividades semejantes ocuparán, cada vez más, gran parte de la jornada de un niño hasta los 8-10 años. Otra prueba para los tres años y medio se encuentra en la escala de Binet-Simon (revisión de Terman); en un trozo de cartón se dibujan sobre tres rayas las siguientes figuras geométricas: círculo, cuadrado, triángulo, equilátero y rombo; rectángulo, segmento vertical, pentágono y segmento horizontal; cruz en aspa, una cruz y un hexágono.

Las mismas figuras se reproducen sobre cartones sueltos, menos el aspa sobre la cual se colocan los cartones mencionados uno por uno. El niño debe reconocer en el cartón de conjunto la figura igual a aquella que hemos colocado sobre el aspa. Para reclamar la atención debida será adecuado, durante la frase de explicación, indicar con el dedo el contorno del perímetro total. La prueba se considera superada si el niño sabe indicar por lo menos cinco figuras.

Para los cuatro años repetimos todavía la misma prueba, pero pretendemos que las figuras indicadas sean por lo menos ocho. También del Binet-Simon utilizamos la comparación entre dos líneas paralelas, una de 45 mm de largo y otra de 60 mm; se presenta el cartón donde se han trazado aquellas tres veces consecutivas, cambiando cada vez la posición del cartón. El niño debe indicar con el dedo la línea más larga. No se admiten errores, rehaciéndose la prueba dos veces. La frase que debe repetirse se amplía hasta ocho sílabas; deben repetirse exactamente dos frases sobre tres. El laberinto es todavía de tipo semejante al anterior; puede seguirse el recorrido dos veces a título de prueba; el máximo de errores admitidos es de seis.

A los cinco años pediremos ejecutar la primera prueba de dibujo. El objetivo no es descubrir las dotes pictóricas del niño sino ver si sabe representar de algún modo las partes principales de una figura humana. Por ello, le invitaremos a dibujar un hombre, pero no nos asombraremos si los brazos, las piernas o el mismo cuerpo están representados por simples líneas. Para la evaluación quitaremos un cuarto de punto en los siguientes casos: falta de un miembro cualquiera; colocación muy equivocada de una parte, o bien neta separación del cuerpo; ausencia de los ojos, de la nariz, de la boca o de las orejas; dibujo del hombre incompleto. Por el contrario, se añade un cuarto de punto para cualquier prenda de vestir, y otro para el dibujo de los cabellos. Puntuación máxima que debe otorgarse: uno.

La repetición de una frase asciende a doce sílabas. Sobre dos pruebas se requiere la exacta ejecución de una.

Aunque de manera elemental, el laberinto asume ahora la forma que le es propia. La principal dificultad consiste en hacer comprender al niño lo que pretendemos. En efecto, la situación no es real como sucede en los laberintos plásticos, donde los caminos se hallan trazados materialmente. Será necesario saber interesar al niño mediante una historieta de ratones que van a la busca de alimento, de pájaros que escapan de la jaula, de perros que persiguen la liebre. Para un niño de ciudad, los espacios blancos pueden ser también calles que deben recorrerse con el coche sin chocar contra las casas (los espacios negros) o sin introducirse en una calle sin salida. En suma, buena parte del éxito de la prueba dependerá exclusivamente de la manera más o menos eficaz con que habremos hecho partícipe de la escena a nuestro oyente. Durante nuestra representación no olvidaremos señalar con la varilla el recorrido hasta el primer recodo y no más allá. Así, al primer error haremos observar que la calle en aquella dirección está bloqueada y haremos repetir el recorrido. Todas estas advertencias, que podrían parecer superfluas, tienen por objeto establecer rigurosamente la clase de ayuda que debemos aportar; una exageración, tanto en defecto como en exceso, falsearía los resultados.

Se pasa después a la repetición de cuatro cifras y se pretende que se acierte por lo menos una serie de cada tres. Por lo que respecta a las órdenes a realizar, se encargará una sucesión de tres acciones, posiblemente con una relación lógica entre sí. Ejemplo: «Ahora, pon este libro sobre la mesa, toma el periódico y llévaselo a papá». No debe darse otra explicación.

A los seis años repetimos la prueba de las ilustraciones que hemos propuesto para los tres años y medio. En aquella nos limitábamos a exigir el reconocimiento de, por lo menos, dos objetos contenidos en el dibujo; ahora, el niño nos dirá lo que sucede en dicha ilustración. Es claro que deberemos provocar la respuesta con preguntas adecuadas, como: «¿Qué está haciendo aquel niño?» «¿A dónde va aquella mujer?», etc.

La serie de las cifras que deben repetirse aumentarán a cinco, con las acostumbradas advertencias sobre el número de las pruebas. Así, la frase estará compuesta de 16 sílabas, siempre dentro de un texto lógico que facilite su reconstrucción y, por lo tanto, su recuerdo. Se continúa la prueba de los laberintos con las mismas advertencias.

El laberinto que se presenta para la prueba de los siete años no es excesivamente complejo, pero adquiere una novedad en el recorrido, o mejor, en el cálculo de los errores. En el fondo, se requiere del niño un mayor sentido de reflexión; aprenderá a recorrer con la mirada el camino que debe seguir, o los posibles caminos, de madera que decida antes el que es exacto. Así, se calcularán como errores todos los retornos, o sea todos los intentos equivocados. La varilla no deberá nunca levantarse del papel, lo que podría interpretarse como un signo de fatiga o indecisión.

Para la repetición de cifras se hace el primer experimento de repetición al revés y se empieza con tres cifras. Tres series, una de las cuales, al menos, debe repetirse exactamente.

A los ocho años se puede intentar la lectura de un párrafo y su correspondiente repetición. Damos a continuación, íntegramente, el párrafo que figura en la escala Valentine: «La noche pasada un incendio ha destruido tres casas en el centro de la ciudad. Diecisiete familias están ahora sin techo. Los daños ascienden a más de 15 millones. Un joven que ha salvado a un niño de pecho se ha quemado gravemente las manos». Como puede verse, el párrafo contiene por lo menos cinco noticias importantes. Para superar la prueba basta recordar dos de la manera más completa.

Otro ejercicio que impide al niño valerse del mecanismo para recurrir a una memoria principalmente visual es contar al revés de 20 a 0. La prueba ya se ha descrito en la escala Binet-Simon. Recordemos que se admite un solo error u omisión, y que el tiempo máximo concedido es de 40 segundos. Para un escolar normal, esta prueba no debe resultar difícil.

Para la prueba del laberinto sirven las modalidades reservadas para la edad de siete años.

A los nueve años se vuelve a hacer la prueba de la lectura de la edad anterior, pero se exige el recuerdo de todos los temas contenidos en el párrafo, repetidos, como generalmente se dice, «con sentido».

La serie de cifras se eleva a seis. Se recomienda siempre no dar a la dicción ninguna cadencia y tener las series ya escritas de manera que se lean con la voz más neutra posible. Ejemplo: 3, 3, 2, 5, 6, 9; 3, 5, 7, 2, 6, 4.

Para el laberinto nos ceñiremos a esta simple indicación: «Tú debes partir de aquí y encontrar el camino de salida». Si el niño lo encuentra al segundo intento, la prueba se considera superada en una mitad.

A los diez años se puede hacer leer el párrafo indicado para los ocho años, pero la repetición debe llegar ahora a la máxima perfección. En la escala se indica un número preciso de expresiones que deben recordarse: ocho. Por «expresiones» entendemos el sujeto con su verbo y los diversos complementos. Consideramos que un niño de inteligencia común que haya leído aquel párrafo con atención especial, es capaz de repetirlo íntegramente de memoria. La prueba de repetición de dibujos de memoria es la misma fijada para los diez años por la escala Binet-Simon (revisión de Terman). La evaluación es idéntica: un dibujo reproducido exactamente y otro por lo menos en una mitad.

El laberinto se hace todavía más complicado. Se considera superada la prueba si se encuentra la salida a la primera vuelta; si se debe repetir la prueba será solamente válida en una mitad. Las mismas instrucciones sirven para los laberintos de la edad siguiente.

La repetición de cinco cifras al revés es una prueba reservada para los doce años. Pero aquí, la escala abandona los ejerci-

Laberintos procedentes de la escala Valentine

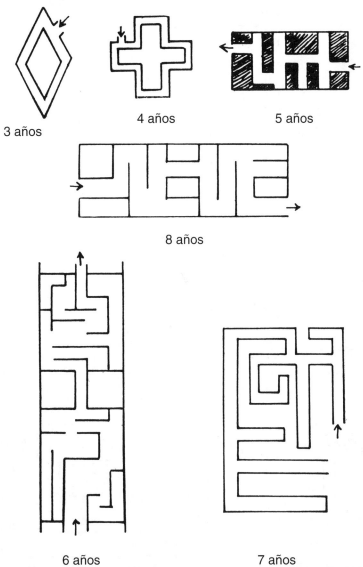

3 años

4 años

5 años

8 años

6 años

7 años

9 años

10 años

11 años

cios de recuerdo propiamente dicho. La petición, el reconocimiento y la reconstrucción ya no se limitan a simples impresiones visuales o auditivas. Se pide al niño que recuerde, sí, alguna cosa, pero en la que debe hacer una elección. La solución ya no es unívoca, es decir, se presenta problemática. Ahora se requiere la puesta en acción de otras dotes de la mente, otras capacidades, otras «facultades». Cuando se pregunta a un escolar lo que haría si se le hiciese tarde al ir a la escuela, le obligamos a ponerse en una situación que afecta a toda su personalidad; el niño se halla ante muchas posibilidades y debe contar consigo mismo, con su familia, con el maestro, con los compañeros, etc. Puede afirmarse teóricamente que antes de dar una respuesta, debe considerar, aunque sea por un solo instante, todas las posibilidades que se le presentan ante cada posible solución. Es un caso de memoria social, es decir, de la memoria que es propia del hombre que vive en una sociedad. Es la experiencia propia de otros la que le hace vivir, como posible, un futuro dependiente de sus decisiones; por esto su respuesta está ya condicionada por el mismo ambiente en que vive. Es su sentido moral el que le obliga a responder que deberá apresurarse, correr y tratar de ganar el tiempo perdido. El psicoanálisis hablará de «Super-Yo», de costumbres y leyes morales hechas como propias. El fenómeno «memoria», que, no obstante, está en la base de todas nuestras acciones y decisiones, es ya lejano. En efecto, ¿quién podría pensar ante una bonita ciudad brillante de nuevos colores y de audaces líneas arquitectónicas, en el informe conjunto de ladrillos, arena, maderas, etc. que han servido para su construcción? Y, sin embargo, fueron necesarios, indispensables, condición *sine qua non*. Pero el mérito del toque final corresponde siempre el arquitecto.

La escala de Wechsler

De la escala de David Wechsler, del Hospital Psiquiátrico de Bellevue de Nueva York, reseñamos el reactivo de memoria inmediata de números, derivado de Binet-Simon[1]. Las instrucciones son las siguientes: se empieza la prueba con la serie de tres cifras y se continúa hasta que el sujeto no falla dos series consecutivas de la misma longitud. En cuanto se logra una serie exacta, se pasa directamente a la serie siguiente. El ritmo de la lectura de las cifras es de una por segundo. El tono de la voz debe ser uniforme, evitando cadencias especiales. La prueba se divide en dos partes: repetición de las cifras hacia adelante y después hacia atrás:

Tabla de las cifras que deben repetirse hacia adelante:

5, 8, 2	6, 9, 4
6, 4, 3, 9	7, 2, 8, 6
4, 2, 7, 3, 1	7, 5, 8, 3, 6
6, 1, 9, 4, 7, 3	3, 9, 2, 4, 8, 7
5, 9, 1, 7, 4, 2 , 8	4, 1, 7, 9, 3, 8, 6
5, 8, 1, 9, 2, 6, 4, 7	3, 8, 2, 9, 5, 1, 7, 4
2, 7, 5, 8, 6, 2, 5, 8, 4	7, 1, 3, 9, 4, 2, 5, 6, 8

[1] D. Wechsler — «The measurement of Adult Intelligence». Baltimore, 1944.

Tabla de las cifras que deben repetirse hacia atrás:

2, 4	5, 8
6, 2, 9	4, 1, 5
3, 2, 7, 9	4, 9, 6, 8
1, 5, 2, 8, 6	6, 1, 8, 4, 3
5, 3, 9, 4, 1, 8	7, 2, 4, 8, 5, 6
8, 1, 2, 9, 3, 6, 5	4, 7, 3, 9, 1, 2, 8
8, 4, 3, 7, 6, 2, 5, 8	7, 2, 8, 1, 9, 6, 5, 3

La puntuación total se refiere a las dos pruebas y se obtiene sumando las dos puntuaciones parciales, que corresponden cada una de ellas al número de las cifras repetidas exactamente. Así, si el examinado ha dicho exactamente cinco cifras hacia adelante y cuatro hacia atrás, su puntuación total será 5 + 4 = 9. Ya que la serie más larga hacia adelante es de nueve cifras y la más larga hacia atrás es de ocho cifras, la puntuación máxima será de 17. Como hemos dicho para las otras, la escala Wechsler es un instrumento para la evaluación general de la inteligencia. Por lo tanto, resulta un poco arbitrario usar solamente una parte de la escala y pretender una respuesta global; sería como fotografiar el lado de una casa y considerar un detalle como el total de la construcción. Recordemos que la prueba mencionada anteriormente está reservada para individuos adultos de más de 20 años; en consecuencia, estableceremos sin ninguna pretensión científica que una puntuación de 8 o 9 nos permite un juicio de suficiencia, para pasar con puntuaciones superiores a bueno, óptimo y excepcional. Además, sabemos que, en condiciones normales, la memoria es una de las facultades que con la edad experimenta pérdidas sensibles. Existen también los individuos con dificultades para la memoria de números pero que pueden, en cambio aprender con la máxima facilidad una poesía, o describir con gran riqueza de detalles un monumento o una topografía ciudadana vistos acaso una sola vez e incluso mucho tiempo atrás. Por ello, no podemos ocultar nuestra perplejidad, ya que proponemos a la atención un reactivo que adquirirá su significado total, solamente si forma parte del global de la prueba para la que ha sido estudiado y experimentado. Por lo demás, queda todavía por establecer el valor de la memoria numérica en la compleja definición de la inteligencia.

Otro tipo de experimento es referido por Wechsler bajo el título de «Historietas». Este experimento ha sido y todavía es ampliamente usado en las publicaciones de misterio, tanto para adultos como para niños: se parte de la primera serie compuesta por tres figuras para llegar a la sexta con seis. Cada serie representa una historia o un suceso reproducido en diversas fases sucesivas. La tarea consiste en ordenar las escenas según una secuencia cronológica. En suma, es necesario reconstruir la historieta o el suceso. La gradación de dificultades puede ser variadísima. En el terreno científico, es absolutamente necesario poseer las series preparadas y calibradas por el mismo Wechsler, para la validez de la prueba. Indicamos esto a título de pura curiosidad pero, al mismo tiempo, nos gustaría saber qué tiene que hacer la memoria en la reconstrucción de una historia de la que poseemos algunas imágenes más o menos significativas y, sin embargo, esta es un prueba que corresponde precisamente a aquel tipo de memoria que los psicólogos Delay y Pichot han definido como «social», o sea, propia de un ser, el hombre, que vive en sociedad. Efectivamente, mientras la memoria sensorial depende estrictamente de nuestro sistema nervioso y es la primera que se desarrolla y fija, la otra, la social, necesita de una vida colectiva que responda a una cierta lógica; esta lógica depende de las variaciones de la sociedad a que pertenecemos. La reconstrucción de un suceso por un europeo culto es diferente a la que podría hacer un primitivo bosquimano. Es diferente el modo de contar las cosas de un campesino, o de un habitante de una metrópoli, porque es diferente el ambiente en que viven. La vida en sociedad nos habitúa a una sucesión de hechos inherentes a la misma vida que llevamos. ¿Qué podría saber de la historia de un accidente de carretera una persona que no ha visto nunca un automóvil? No lograría ni siquiera comprender el sentido de las ilustraciones que le presentásemos.

Si hemos tenido ocasión de asistir en compañía de amigos a un hecho cualquiera, incluso el más banal, y podemos narrar después a los testimonios por separado el mismo hecho, tendremos la prueba más evidente de las diferencias individuales. Unos lo explicarán en cuatro palabras y otros emplearán una cantidad extraordinaria de detalles. Entre nuestros conocidos existen ciertamente tipos que saben narrar con lógica y coherencia datos esenciales y otros que no logran en realidad hacerse entender; tanta es la confusión, las dudas, las desviaciones y las dispersiones que indican impotencia y deficiencia de sus facultades mnemónicas. Sabemos también que este estado de cosas no implica necesariamente un juicio negativo de sus capacidades prácticas o intelectuales; pueden existir trastornos afectivos que obstaculicen en ciertos casos el recuerdo lógico. Un abogado, que hable penosamente y con balbuceos en su vida cotidiana, puede convertirse en el más perfecto y desenvuelto orador en el ejercicio de su profesión. Pero, para volver a la memoria social, diremos que la vida en común nos habitúa a la toma de conciencia de una sucesión normal de causas y efectos. Toda sociedad y, por lo tanto, toda civilización, nos da un orden que disciplina de manera especial nuestro mundo moral. El niño que desobedece espera ser castigado; el que se halla en peligro espera nuestra ayuda, la incorporación a este orden tiene lugar a través de la educación que, en general, se hará en la imitación de nuestros progenitores. Cuando esta línea de conducta que se impone a la imitación pierde su prestigio de guía, la sociedad entra en crisis y va a la busca de nuevos caminos que imitar. Sobre el principio de la memoria social se mencionan las pruebas que Wechsler propone bajo el título de «Comprensión general». Se trata de preguntas que encierran una determinada situación que el examinado debe resolver. Damos como ejemplo la primera pregunta, seguros de que el lector podrá formular cuantas otras crea oportuno. La cuestión es esta: «¿Qué debe hacerse si se encuentra por la calle un sobre cerrado, con su correspondiente sello y dirección?». Las respuestas pueden ser varias, aunque sabemos que la correcta y natural es la de echarla en el primer buzón de correos que encontremos en la calle; sin embargo, pueden haber respuestas menos exactas, como la de darla al cartero, llevarla a la oficina de correos, entregarla al destinatario en caso de que habite cerca, o tal vez a la oficina de objetos perdidos. Existen también las respuestas que consideraremos negativas; como la de ir a entregarla al propietario sin preocuparse si habita cerca o no, la de restituirla o llevarla al remitente, del que ignoramos su dirección o, peor todavía, la de abrirla, o dejarla en el lugar donde la habíamos encontrado.

Es evidente que la pregunta formulada por el cuestionario ya es defectuosa en su punto de partida por ese «¿Qué debe hacerse...?». La respuesta nos dirá solamente si el interrogado conoce las reglas de la vida social, pero no nos ilustrará sobre aquello que él haría realmente. Por otra parte, ¿qué pasaría si el nombre del destinatario es una persona conocida con la que tengamos relaciones afectivas o de negocios?

¿El sentido del deber nos hará superar la curiosidad por descubrir un secreto que redunde en ventaja propia? El noventa y nueve por ciento de los hombres conoce naturalmente los diez mandamientos de la ley de Dios, pero esto no les impide violarlos. De cualquier modo que estén las cosas, el fin que la pregunta se proponía era el de saber si el interrogado tenía o no conciencia de lo que la sociedad esperaba de él.

Del mismo tipo son los reactivos de Pisani, estudiados para niños anormales. Denominados «Reactivos de memoria lógica», consisten en tres series de dificultad creciente. Se trata de colocar al niño, a través de una serie de acciones, en una situación que tenga una o varias salidas naturales. Por ejemplo, se le dice que se siente a la mesa, que tome un lápiz y una hoja de papel y se le pregunta: «¿Qué puedes hacer ahora?». Las respuestas obvias serán las de escribir, dibujar o garabatear. Si nos encontramos en una clase y le hacemos buscar por el suelo unas monedas, le invitamos luego a recogerlas y ponérselas en su bolsillo y le preguntamos después: «¿Qué puedes hacer ahora?». Las respuestas podrán ser más complejas, como: «Buscaré de quién son y las devolveré», «Compraré caramelos y los repartiré entre mis compañeros», «Me las guardo y compro alguna cosa para mí». Todas las respuestas son lógicas, aunque la última es más insatisfactoria desde el punto de vista social. De la tercera serie entresacamos el juego de las parejas, que puede encontrarse en semanarios infantiles. Por ejemplo, un cierto número de figuras representan oficios o condiciones: un cazador, un pescador, un escolar, un motorista, etc. y, mezcladas juntas, otras figuras representan un perro, un pescado, una cartilla, una moto, etc. Separemos ahora las personas de las cosas y de los animales. ¿Qué podremos hacer todavía? Emparejar el cazador con el perro, el pescador con el pescado y así sucesivamente. Todos estos cuadros son bastante comunes para el que vive en un determinado ambiente. En el caso específico del retraso mental, tendremos en cuenta la mayor o menor facilidad con que se comprende la prueba, así como la rapidez con que se realizan las órdenes y, por último, la precisión de la ejecución. No nos cansaremos nunca de repetir que cualquier prueba, además del objetivo directo a que está destinada, ofrece siempre posibilidades de observación que afectan a la totalidad de la persona.

La escala Wechsler presenta, además, pruebas que son comunes a otras escalas y de las que ya hemos hablado. Ejemplo es el caso de las figuras incompletas en las que se ha de averiguar qué detalle vistoso como un ojo, la nariz o la boca o qué elementos más insignificantes y, por lo tanto, menos perceptibles, como una aguja de reloj, un botón de la americana, un tacón de un zapato, etc. El examinado debe poseer el recuerdo total de la imagen, para no fallar la prueba. Encontramos también la reconstrucción de una figura dividida en trozos irregulares y pequeños, y la reproducción de un dibujo con cubos coloreados según un modelo cada vez más rico en variantes y contenido.

Pero existe también otra memoria que, formando parte de la social, se define mejor como memoria escolar. Es el residuo de nociones que, aunque no hayan tenido ningún empleo práctico ni especulativo, permanecen en nuestro recuerdo encadenadas por inconscientes lazos emotivos que resisten el desgaste del tiempo. Es evidente que un test de este género presupone, no solamente el conocimiento de las escuelas frecuentadas, sino también del programa desarrollado y de las calificaciones conseguidas. Además, precisará tener en cuenta la cultura adquirida fuera de la clase y sus eventuales interferencias con el colegio, con objeto de no intercambiar una noción aprendida recientemente con un antiguo recuerdo de escuela. Por lo tanto, es un trabajo verdaderamente ímprobo que amenaza con no conducir a nada; es mejor confiarse al recuerdo espontáneo sin pretensiones de medición sino es la de comparación entre dos o más participantes en el juego. Una ocasión óptima es la reunión entre amigos; encontraremos quien sabrá recitar incluso una poesía aprendida en los bancos de las escuelas elementales o quien recordará el título del libro de lectura de la tercera clase. En cambio, para otros, los primeros años de escuela constituirán un vacío casi total, salpicado aquí y allá de rostros, de nombres de compañeros, de anécdotas gacetilleras que nada tendrán que ver con los conocimientos aprendidos.

No obstante, para los recuerdos vividos colectivamente, basta a veces una breve indicación a fin de que toda una escena se abra de golpe ante nuestra memoria. Hechos que habían estado completamente olvidados por nosotros, vuelven vivos y ricos de emociones, como si hubieran sucedido ayer. Son descubrimientos que nos llenan de alegría, como el encuentro de un amigo que no vemos desde hace tiempo. Cuando probamos por nuestra cuenta a indagar en el pasado hay siempre algo que nos distrae. El pensamiento es caprichoso, inestable y se desvanece con facilidad. No soporta la disciplina y debe confiarse al azar, a la libre asociación y al fluir de la conciencia. Va donde una misteriosa corriente lo arrastra, de una imagen a otra, con plena autonomía. Por ello, al libre fantasear, como sucede con el sueño, en los momentos de «relax», cuando ninguna preocupación nos turba, se le llama «memoria autística» o sea que se produce por sí sola y, si obedece a alguna ley, nosotros no conocemos ni sus términos ni su valor. Sin embargo, sabemos una cosa: este fluir y refluir de pensamientos descubre aspectos secretos de nuestra psique, aunque sea por breves instantes; a veces son como escollos sumergidos que impiden una buena navegación. Los reactivos que siguen pueden servir para la evaluación de la memoria de palabras y de números. A ser posible en letras de imprenta, escribiremos una serie de 30 palabras. La explicación del desarrollo de la prueba nos dirá con qué criterio debemos hacer la elección de dichas palabras. El examinado deberá subrayar todas las palabras que tengan una determinada desinencia, por ejemplo «or», como trabajador, motor, aviador, etc. Por lo tanto, introduciremos en el texto no más de 10 a 12 palabras que tengan tal desinencia, variando las otras a placer. Después que el examinado haya leído y subrayado las palabras requeridas, dejaremos transcurrir algunos minutos y después le invitaremos a volver a escribir cuantas palabras recuerde entre las subrayadas. Para la evaluación nos guiaremos según la puntuación escolar, que será todavía más fácil, si las palabras elegidas son precisamente 10.

Para los números podremos proceder a dos tipos de ejercicios. El primero será semejante al de las palabras, descrito anteriormente, pero con la salvedad de disminuir su cantidad; en efecto, recordar números es más difícil que recordar palabras. El número es una entidad abstracta que se precisa ver y sentir en su integridad; no puede adivinarse. Sabemos el rompecabezas que crean algunos individuos que escriben las cifras poco claras; lo que no ocurre con las palabras de uso común, de las cuales, a veces, son suficientes las primeras sílabas para recordarlas enteramente. Presentaremos a nuestro examinado una quincena de números de dos cifras, de los cuales la mitad, e incluso menos, terminarán con la cifra 7; estos estarán subrayados. Después de algún tiempo se hará la transcripción de los números. Criterio para la puntuación: es suficiente si el examinado recuerda 4 o 5 números.

El segundo ejercicio consistirá en escribir muchos números que tengan desde tres cifras hasta once. El examinado no tiene que leerlo ni transcribirlo; deberá solamente subrayar los números iguales. Se trata de un ejercicio que requiere principalmente atención, suponiendo que la atención pueda no depender de la memoria. De todos modos es un ejercicio que impone observar bien, confrontar y no ir apresuradamente. Los números se dispondrán por parejas sobre la misma línea; dos o tres parejas que constituirán las centenas, otras tantas que constituirán las unidades de millar y así sucesivamente. No hay nada que decir sobre las parejas iguales que alternaremos con las otras de modo diverso. Las desiguales lo serán por pequeñas variantes situadas siempre hacia el final. Así, escribiremos: 5587934 y 5587824. Si el segundo número fuese 6587934, la diferencia se manifestaría inmediatamente sin obligar a analizar el resto del número. El criterio para la puntuación es muy difícil. Teóricamente no se debe admitir ningún error. Pero existen personas que no logran concentrarse, que se detienen pronto, cuya mente se confunde ante todos aquellos signos, que poéticamente pueden compararse a una procesión de hormigas. Así, algún error no será un desastre irremediable.

Otra prueba que se basa en los mismos principios, es la que implica la reproducción de una serie de signos, que cada vez son más difíciles tanto por su variedad como por su disposición. Puede empezarse con una X y un 0 y después añadir poco a poco una estrella, un circulito, un triángulo, un cuadradito, etc., llegando como en la prueba descrita anteriormente, a series de 10 o 12 elementos. Durante la ejecución se prestará atención al número de signos que cada individuo logra percibir y recordar sin crear confusión o irregularidades que le obliguen a volver a repasar toda la serie. El mismo sistema puede adoptarse con las letras del alfabeto, pero evitando combinar palabras y sonidos legibles.

Sobre la descomposición en dos o más partes de figuras geométricas, se han trazado pruebas llamadas de «memoria espacial». Frecuentemente, bastará para los niños una simple división en dos partes. Para los más pequeños será necesario ponerles delante el modelo que deben reconstruir. Para los que frecuenten las últimas clases de la escuela elemental bastará darles la definición de la figura que deben recomponer: triángulo equilátero, cuadrado, rombo, etc. Para la primera fase de la prueba será suficiente cortar materialmente la figura y presentar los dos trozos de manera que no combinen, para evitar su acoplamiento intuitivo. Se evitará también que el corte divida la figura por su mitad exacta. En cambio, se presenta más difícil la segunda fase, es decir, la que requiere la recomposición de la figura sin posibilidad de acercamiento por estar las partes dibujadas. Es una prueba que puede alcanzar ciertos grados de dificultad y que con frecuencia se usa para valorar capacidades prácticas en determinados oficios que requieren precisión, como en la mecánica. La persona debe ser capaz de juzgar solamente con los ojos la pieza que deberá colocarse en tal lugar. Aunque algo rudimentario, no es difícil construir un reactivo de este tipo; se toma una tira de cartón suficientemente consistente y se divide con las tijeras o con un cuchillo en varios trozos más o menos irregulares, según el grado de habilidad que se espera del sujeto. Bastará después disponer sus perfiles sobre un papel, teniendo cuidado de distanciar y alternar los trozos. El que se somete a la prueba deberá numerar toda la tira. El modo en que habremos realizado los cortes y la disposición que le habremos dado harán la prueba fácil, menos fácil o dificilísima. Será aconsejable empezar por la más fácil.

La complicada figura de Rey

La complicada figura de Rey es uno de los reactivos que reclaman la utilización de la memoria en todas sus ramificaciones sensoriales e intelectuales[1]. En esta prueba no tiene lugar solamente el hecho escueto del recuerdo pasivo (suponiendo que ello pueda suceder); la actividad perceptiva y la mental aparecen como un producto necesario, sin el cual el mismo recuerdo no tendría razón de ser, y ni siquiera podría subsistir. Tal vez comprenderemos mejor si asistimos al nacimiento de dicha figura. Tracemos un rectángulo con una altura mayor que la base, pongámosle después como cabellera un triángulo a guisa de tejado. Tracemos las diagonales, una vertical que, pasando por el centro, llegue hasta el vértice del triángulo, y otra horizontal por la mitad. Esta será la estructura fundamental; después añadiremos elementos asimétricos, como un rombo a guisa de banderola sobre el tejado, un circulito en el interior, una serie de trazos paralelos sobre la semidiagonal en alto y a la derecha, un cuadradito adyacente a la derecha de la base, otro en el centro de la base, con sus respectivas diagonales y otros juntos, como puede verse en la figura.

---

[1] Esta prueba corresponde a la magnífica obra ya citada de Falorni.

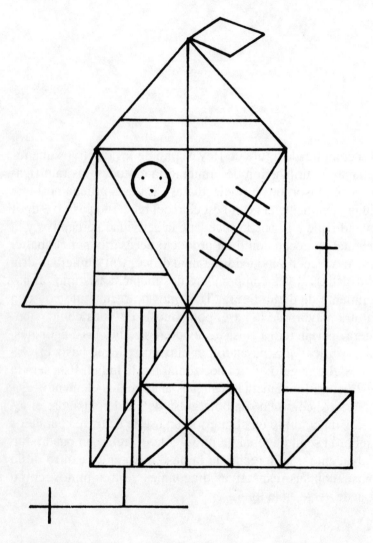

Figura total de Rey en sus dimensiones reales

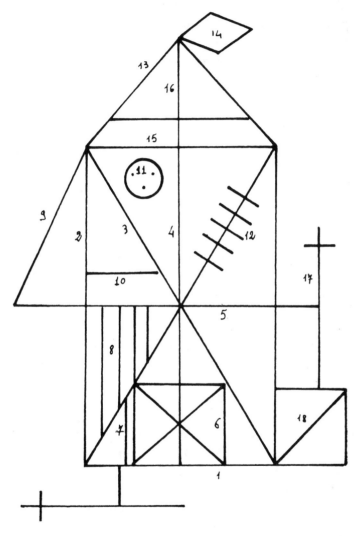

Figura total de Rey con la indicación de los elementos que deben considerarse para la asignación de la puntuación

Con la descripción anterior hemos deseado dar los elementos intuitivos que el examinado deberá ver primeramente durante la prueba. Faltándole esta visión de las líneas esenciales diremos que no posee la idea esquemática del objeto, que no sabe captar las partes fundamentales de las cosas. Es cierto que hemos hecho algunas cosas para enmascarar el conjunto, con objeto de ocultar aquellas partes. Por otro lado, nunca ocurre nada en una forma pura, original y poéticamente simple; el tiempo la enriquece con nuevos motivos, y con adornos de diversa índole, que hasta cierto punto mejoran su aspecto, pero que algunas veces llegan a exagerar. Las decoraciones, los arabescos y los festones ahogan las líneas originales y la pureza que tenían en un principio degeneran en un caso sin gusto. Este es el momento de hacer borrón y cuenta nueva de todo y buscar una nueva pureza que, desgraciadamente, seguirá el mismo destino. La necesidad de renacer no constituye una exigencia que rija exclusivamente en el terreno estético.

Volvamos al experimento de Rey. Se pone delante del sujeto el modelo de la figura, invitándole a copiarla fielmente. Se le proporciona una hoja de papel blanco y un lápiz de color, pero ni goma ni regla. Para poder seguir el proceso intuitivo del examinado, será aconsejable cambiar de vez en cuando el color del lápiz. De este modo tendremos un cuadro suficientemente claro de los motivos de conjunto que se han percibido. Será necesario cronometrar el tiempo empleado. Una vez terminada la prueba se darán tres minutos de pausa, durante los cuales el ejecutor tendrá oportunidad de observar la copia y el modelo, si lo cree oportuno; transcurridos los tres minutos, se retirarán los dibujos y durante un rato se hablará de otro asunto, para después darle de nuevo una hoja de papel blanco de las mismas dimensiones que la primera, invitándole a reproducir lo que recuerde de la figura. La invitación deberá ser una sorpresa; si antes hubiera sabido lo que se esperaba de él, su conducta hubiera sido diferente y el resultado de la prueba lógicamente se habría falseado. Debido a que consideramos la prueba sumamente interesante, nos detendremos para hablar de la puntuación, tiempos empleados, tipos de reproducción, etc.; en suma, todas aquellas indicaciones necesarias para una aplicación precisa del test.

La evaluación de la puntuación alcanza un total de 36 puntos. Los puntos se asignan según el siguiente criterio:

— para cada elemento correcto puesto en su lugar exacto, 2 puntos; si está mal colocado, solamente 1 punto;
— si el elemento resulta incompleto o irregular; pero está colocado en su lugar exacto, 1 punto; si está mal colocado, medio punto;
— si el elemento resulta irreconocible o falta, cero puntos.

¿Qué debe entenderse por elemento? Intentaremos explicarlo. Por ejemplo, diremos que el rombo que está en el vértice del triángulo a modo de banderola, es considerado como un solo elemento; también la serie de los trazos paralelos que cortan la semidiagonal en lo alto y a la derecha, e igualmente la serie de verticales que barran el triángulo inferior izquierdo. Es importante añadir que el rectángulo entero es considerado como un solo elemento. El trazado descrito debe considerarse como obligatorio a partir de los 12 años.

Puede iniciarse la prueba con niños de 5 a 6 años en adelante, calculando que en la copia del modelo una puntuación de 16 a 18 debe considerarse como resultado medio. A los 7, 8, 9 y 10 años, la puntuación media, siempre en la copia, se mantiene relativamente constante de 20 a 25. De los 11 años hasta los 14 pueden esperarse 30 a 32 puntos, para pasar de los 25 años en adelante a una copia sin error alguno. Evidentemente, los resultados serán diferentes en la repetición del dibujo de memoria. Para los 5 a 6 años serán suficientes 10 puntos. Nos contentaremos con 15 para las edades siguientes hasta los 11 años, después de los cuales y hasta los 15, exigiremos por lo menos 20 puntos, que se convertirán en 25 para las edades siguientes. Para un adulto será también difícil reproducir el dibujo sin ningún error, si no se le ha advertido de antemano.

Por lo que respecta al tiempo empleado, pensemos que deberá valorarse cuando tengamos que confrontar a dos o más personas. A igualdad de puntuación y de ejecución, daremos preferencia al que ha empleado menos tiempo. Ciertamente, la excesiva demora, las dudas e incertidumbres, dan con frecuencia, como resultado, un trabajo de mala calidad, y lo mismo ocurre cuando se hace con excesiva rapidez, ligereza, superficialidad, o falta de empeño. Sea como fuere, para los fines de nuestra prueba, la medición del tiempo no es el elemento esencial.

En cambio, la observación de la reproducción permitirá deducir algunas consideraciones de interés. Ya hemos dicho la importancia que tiene la intuición general de la figura, por lo menos en su estructura esencial: además del rectángulo que hace de armazón portante, observaremos, por ejemplo, si las diagonales se han dibujado de un solo trazo o bien por partes; lo mismo diremos para el triángulo-tejado, y también lo mismo para los dos segmentos externos que terminan en cruz. Esto por lo que se refiere a los detalles; pero también tendremos una visión de conjunto relativa a un determinado nivel intelectual. El niño pequeño, infantil, por la ley sobre la «presión de las formas» tenderá a ver en el dibujo un objeto familiar, por lo tanto, verá una casa, una iglesia, un cuadro, etc. Dominado por esta idea seguirá ciegamente bajo su influjo hasta llegar a modificar en tal sentido las líneas de su dibujo. Pertenecerá este al tipo intuitivo, sintético, esquizotímico, según la tipología de

Kretschmer; buena capacidad de observación, de crítica y de asociación, según Rorschach.

Por el contrario, un segundo tipo no logrará percibir el conjunto en su totalidad y se limitará a poner de relieve algunos detalles, dejando el resto en una maraña más o menos confusa de líneas que nebulosamente aparecieron en su campo visual, pero que ni siquiera fueron tomadas en consideración. La atención ha sido absorbida completamente por el detalle. Nos encontramos ante un tipo analítico y ciclotímico según Kretschmer; un espíritu práctico, metódico y limitado intelectualmente, según Rorschach. Son juicios estos muy sumarios, que precisan de muchas otras pruebas para ser confirmados. El investigador americano Sheldon ha encontrado hasta 650 expresiones que definen otros tantos rasgos y características diversas de la personalidad y del temperamento. Para un estudio completo de la psique humana tal vez sea todavía insuficiente este número; el vocabulario es incompleto para expresar tal diversidad de matices, y aunque cualquier hombre haya tenido experiencias de todas aquellas facetas, aun en proporción mínima, lo que le caracteriza es la persistencia de determinados rasgos, con frecuencia, pero no su calidad. Existe un tercer tipo que parece que quiera arriesgarse en una síntesis entre la visión de conjunto y la de los detalles; ve el contorno del dibujo, lo traza y después acumula dentro los detalles, más preocupado por su cantidad que por su colocación; actúa como si metiera sin orden ni concierto un cierto número de objetos que debe colocarse en una caja. Ha percibido casi todos los elementos y esto le basta.

En cambio, un cuarto tipo se preocupa solamente de los detalles; es un analítico por excelencia. Sabría sobrecargar una catedral románica con tantos adornos que ocultarían de la vista las sobrias líneas de la construcción. Si este tipo se encuentra en un adulto, denotará meticulosidad, seriedad, orden, minuciosidad, formulismo y pedantería. En la primera adolescencia caracteriza a los precisos, cuidadosos, fieles imitadores y ejecutores.

Existe un quinto tipo que parece que tenga una intuición por sectores, que casi no logra captar el conjunto, sino más bien las partes. Por ejemplo, fija su atención en el pequeño cuadrado de la base a la derecha y lo reproduce a la perfección; se extiende por la superficie como preludio a la visión total. Este progreso será fácilmente notable a través de la copia, de la cual podremos seguir su evolución por el uso del lápiz de color. Existirá una coordinación mnemónica, cada vez mayor, entre las dos operaciones, la percepción se hará cada vez más clara, una especie de enfoque de la imagen, de lo nebuloso a lo diferenciado, de lo insignificante a lo significativo, precisamente como ocurrió con las fotografías del planeta Marte, obtenidas por los «Mariner 6 y 7»: más claras, más diferenciadas y detalladas a medida que las dos sondas se aproximaban a la superficie.

Finalmente, llegamos al último tipo, el tipo adulto. Puede olvidar algún detalle, trazar el circulito sin los tres puntos internos, pero los añadidos y las decoraciones no le impiden ver la estructura portante. Empezará siempre su trabajo por el rectángulo central, trazará todas las diagonales de una sola vez y después dibujará los detalles. En la reproducción de memoria seguirá el mismo camino, aquel que le resulte más fácil y natural. Tal vez no será necesario hacerle cambiar de lápiz porque el tiempo empleado en la copia se reducirá al mínimo. No habrán dudas o incertidumbres. Un vistazo al dibujo antes de comenzar y después realizará seguidamente el trabajo. Pero, ¿qué diremos si, contrariamente a lo que esperamos, se comporta el adulto según la tipología de los primeros casos? Ciertamente, deberemos hacer muchas reservas, no solamente sobre su memoria sino también sobre su desarrollo intelectual.

Memoria autobiográfica

Ciertamente, uno de los medios más clásicos para conocer la memoria de grandes y pequeños es el de la interrogación. Puede decirse que toda la escolarización del pasado (pero no solamente esta) se basaba en la memoria. En el fondo, los exámenes consistían en demostrar la cantidad de cosas memorizadas. Ahora bien, ¿debe condenarse en bloque, a ojos cerrados, este método de enseñanza? ¿Puede considerarse inútil o incluso perjudicial el esfuerzo para recordar aquellos datos, aquellos nombres, aquellas definiciones? ¿Corresponde acaso plenamente a nuestros intereses y a nuestras aspiraciones en la vida, el trabajo que hacemos? ¿Puede concebirse un estudio que no sea al mismo tiempo, empeño, fatiga y dificultad? No nos sentimos capaces de dar una respuesta categórica y exclusiva a estos y otros muchos interrogantes que pueda suscitar este problema.

Sabemos con cuánto cuidado las madres preparan a sus hijos para los primeros días de escuela. Su nombre y apellido, la edad, el nombre del padre y de la madre, el lugar de nacimiento, el camino de su casa y el nombre de los componentes de la familia, constituyen el bagaje de conocimientos que la mayor parte de los niños poseen a su ingreso en la escuela. Puede decirse que los primeros días escolares (y no solamente estos) se destinan a ejercicios, preguntas y movimientos que tienen por objeto habituar al niño a este nuevo género de vida colectiva. Habituar significa repetir un acto tantas veces que el recuerdo de su ejecución no constituye ya un esfuerzo, sino que se convierte en habitual, natural y reflejo.

Por lo demás, mucho antes de que el niño entre en la escuela, ya ha encontrado en la madre, en el padre y en cuantos le rodean cuidados y afectos, un estímulo continuo al recuerdo. Hechos, acciones, personas y palabras son insistentemente reevocadas hasta el momento en que el reconocimiento, el uso y el recuerdo se manifiestan espontáneamente. Todo el mundo ha escuchado la complacencia con que una madre juzga a su pequeño, divulgando sus dotes de inteligencia con una frase del tipo: «Es muy listo, lo recuerda todo». El niño pequeño tiene frecuente necesidad de ser preguntado para que el recuerdo se convierta en expresión, es decir, se manifieste en palabras. Lentamente se forma su sentido autobiográfico. La idea del pasado y del futuro toman cuerpo con la proyección, con su extensión y con su actuación: desde los esfuerzos para dar los primeros pasos hasta los necesarios para obtener un título académico, y desde la formación de una familia a la realización de una empresa; esto por lo que respecta al individuo, pero también debemos considerar los esfuerzos para llegar a las proyecciones sociales, que van más allá de la vida de una persona, para afectar incluso el destino de varias generaciones.

La autobiografía es una lenta inmersión en el pasado para reconocerlo y revivirlo. Nace con la infancia y toma cuerpo con la pubertad. El desarrollo del sentido del pasado y del futuro van de la mano. La juventud es el reino del futuro. Cuando el pasado ocupa el predominio de nuestros pensamientos, ya se ha iniciado la parábola descendente de nuestra existencia.

Muchos investigadores han ideado preguntas adecuadas

con objeto de examinar el carácter y el comportamiento de niños y adultos. Interrogaciones y cuestionarios intentan penetrar en la psique para captar el estado afectivo, la capacidad de razonamiento y de juicio, la fuerza de voluntad, los hábitos, las actividades, la sociabilidad, etc. Hay quien lo espera todo de las respuestas y, por el contrario, hay otros que las consideran como simples indicios que requieren una criba severa y un estudio profundo. En nuestro caso específico diremos que toda pregunta, cualquiera que sea el fin con el que se hace, recurre siempre a la experiencia pasada y, por lo tanto, al recuerdo. A continuación damos algunas preguntas que tienen por objeto averiguar la capacidad mnemónica del sujeto:

— ¿Cuánto tiempo llevas aquí?
— ¿Qué calles has recorrido?
— ¿Dónde estabas en vacaciones el año pasado?
— ¿En qué calle vives y en qué número?
— ¿Recuerdas alguna pregunta que te hayan hecho en el último examen que has tenido?
— ¿Cómo se llama tu maestro?
— ¿Cuál es tu estatura?
— ¿Cuánto pesas?

Preguntas de este tipo pueden formularse a voluntad según el sujeto que tenemos ante nosotros. Es mejor si conocemos su biografía, inclinaciones y temperamento. Pero, si todo esto se ignora, bastará orientar nuestras pesquisas en aquellos terrenos donde son más vivas las respuestas, donde es más manifiesto el interés. Despertada de este modo la motivación, nos corresponderá a nosotros, mediante preguntas, reclamar cada vez más detalles que, además de informarnos sobre la intensidad del recuerdo nos revelarán también intereses específicos personales. Incidentalmente, añadiremos que la narración espontánea de la propia vida adquiere casi siempre un matiz heroico; por este motivo, el tema militar y el tema amoroso no faltan nunca en una reunión masculina, como ocurre también con las hazañas de fuerza, las astucias, las bravatas y las burlas; en suma, todo aquello que hace al común mortal un ser fuera de la norma.

Ya hemos dicho que hacer la autobiografía propia no es fácil, especialmente para un niño de 8 a 10 años. Los recuerdos tienen necesidad de ser suscitados y después ordenados, o mejor suscitados con un cierto orden. Proponemos una pauta que no es exhaustiva, pero que puede servir de ayuda para el que no sepa por dónde empezar o que no se sienta suficientemente animado:

— ¿Dónde has nacido y cuándo?
— ¿Has vivido siempre en el mismo lugar?
— Háblame de tu padre, qué oficio tiene: es joven, alto, bajo, alegre, serio, etc. Dime lo mismo de tu madre.
— ¿Tienes hermanos y hermanas? Dime sus nombres por orden de edad.
— ¿Qué otras personas forman parte de tu familia?
— ¿Cuáles son los juguetes que te han gustado más?
— ¿Cuáles fueron tus amigos más íntimos?
— ¿Qué juegos preferíais hacer juntos?
— ¿Recuerdas tu primera maestra de escuela? Háblame de ella.
— Dime el nombre de algunos de tus compañeros de escuela.
— ¿Has sido siempre aplicado?
— ¿Dónde pasas generalmente las vacaciones?
— ¿En qué asignaturas destacas más en la escuela?
— ¿Qué asignaturas te cuestan más de estudiar y aprender?

Y así sucesivamente, puede continuar, según la edad del sujeto, deteniendo la atención sobre aquellas respuestas que se consideran como etapas obligatorias de todos los mortales: comienzo de los estudios, elección de trabajo, relaciones amorosas, nacimiento de los hijos, etc.

Una dificultad que es necesario superar en la exposición autobiográfica es precisamente la de la forma. Si recurrimos a la escritura, nos encontraremos ante inhibiciones, incapacidades y negativas que nos privarán de una buena cantidad de material, tal vez del mejor; por lo tanto, es necesario recurrir a la exposición oral, teniendo cuidado de registrar las respuestas, naturalmente sin que el examinado lo sepa. Podremos de este modo repasar cómodamente la conversación en toda su improvisación y espontaneidad.

No obstante, el sistema de la escritura no impide dejar al interesado la más completa autonomía en la narración. Cuando haya llegado al final y no sepa ya qué escribir, podemos someterle a nuestro cuestionario o a otros más complejos para realizar una comparación entre lo que ha recordado y lo que podría recordar.

El factor «fluidez»

Todos hemos conocido individuos que han atraído nuestra atención por su facilidad de palabra, por la claridad de sus ideas y la viveza de asociaciones. Estos individuos logran casi siempre atraerse la simpatía del grupo donde se encuentran y, como se suele decir, «tienen siempre todas las bazas». Sin duda, poseen una personalidad rica, incluso riquísima en el factor «f». La sigla «f» es la primera letra de la palabra inglesa «fluency» que en español puede traducirse por «fluidez». Veamos los reactivos propuestos por Studman en 1934 para poner en evidencia la fluidez.

El primero consiste en decir en el espacio de tres minutos el mayor número posible de palabras. Cada palabra debe tener un significado por sí sola; por lo tanto, está prohibido formular pensamientos o recitar párrafos aprendidos de memoria. Es mucho más difícil de lo que parece. Incluso el más avispado tendrá sus tropiezos, sus paros y sus amnesias. No podemos proporcionar una valoración, aunque sea aproximada del test, para el que, si se desea experimentar, extraeremos nuestras deducciones solamente frente a posibles comparaciones. La misma observación vale también para los otros test que van a la búsqueda del factor «f».

Para la segunda prueba se necesita una hoja de papel blanco sobre la cual un dibujante, incluso el más inexperto, deberá trazar, por ejemplo, las primeras líneas de un paisaje: el perfil de una montaña, o bien una calle, e incluso un horizonte marino. Si las líneas resultasen tan escasas o tan confusas que no fueran comprendidas por el que está sometido a la prueba, bastará ilustrar con la palabra la intención del dibujante. Entendido este punto, se pasa al experimento, que consiste en decir cuantas más cosas posibles que completen el dibujo apenas esbozado. Naturalmente, las cosas propuestas como complemento deben ser adecuadas. Las pruebas sobre dos o más sujetos deben hacerse en lugares separados y siempre con el mismo dibujo, cuyo contenido debe ser ignorado por los participantes. Solamente en este caso la comparación podrá tener un valor efectivo.

La tercera prueba consiste en contar un argumento determinado con el mayor número posible de detalles. El tema deberá ser breve y circunscrito: un viaje, un suceso deportivo, una competición, etc., y precisamente como tarea escolar. En lugar de un argumento se puede presentar un objeto cualquiera que se encuentre al alcance de la mano: un vaso, una pluma, una silla, etc. Además de los reactivos de Studman sobre las figuras incompletas y sobre la narración de historias, Cattel presenta algunas pruebas de uso bastante común. La primera consiste en decir en un minuto el mayor número de palabras referentes, por ejemplo, a objetos redondos, alimentos; o bien palabras que empiecen por una determinada consonante o vocal. Siguiendo las huellas de Rorschach, propone después el máximo número de interpretaciones de una mancha de tinta. Después de estos ejemplos, creemos que el factor «fluidez» tiene algo que ver con la memoria, aunque no se trate evidentemente de memoria pura.

El mismo hecho de luchar contra el tiempo, de arriesgarnos en una prueba en la cual desearíamos hacer un buen papel, provoca en nosotros las más disparatadas reacciones, que pueden incluso degenerar en una situación de pánico con el consiguiente bloqueo de todos nuestros pensamientos. Y frecuentemente nos maravillaremos de los resultados obtenidos. ¡Teníamos tantas cosas que decir, eran tantas las palabras y las cosas que añadir! Ahora que el experimento ha pasado, sea el que sea el resultado, un torrente de palabras y cosas inunda nuestra mente para aumentar nuestra contrariedad. E intentaríamos de nuevo la prueba si no tuviésemos el secreto temor de hacerla tal vez peor que la primera vez. Este es uno de tantos modos de reacción que ponen en juego la estabilidad, la seguridad del Yo y sus mecanismos de defensa. No existe situación, problema ni fenómeno psíquico que no afecte a otras regiones adyacentes o periféricas de la propia psique. Teóricamente, cuando miramos un paisaje no podemos ver un objeto aislado, aunque lo queramos hacer. Entre otras cosas, deberemos tener en cuenta los reflejos de luz, la mezcla de colores, la misma posición del objeto observado, la cual también está determinada por el fondo en que se apoya y del cual adquiere relieve y significado.

Por ello la memoria es también un encuadramiento del propio recuerdo en un contexto cada vez más amplio de nuestra existencia. El fragmento, el indicio y la oleada emotiva que asoman por un momento dejan el alma suspendida sobre una especie de abismo, de vacío turbador que queremos a toda costa llenar. Es el esfuerzo en que alguna vez nos empeñamos inútilmente y que deja el sabor amargo de haber perdido alguna cosa para siempre. También los test llamados «proyectivos» nos pueden dar indicaciones útiles, sobre la organización mnemónica de un individuo. La proyección es un fenómeno que tiene lugar cuando nos encontramos ante un hecho no claramente estructurado que organizamos según nuestro particular modo de ver. No existe un mundo si no es observado e interpretado por nosotros mismos, como no existimos nosotros sin un mundo que interpretar. Por ejemplo, tomemos el test del pueblo de Henry Arthur. Se sitúa al sujeto ante un número muy abundante de piezas (91, exactamente) que representan las partes de un pueblo; iglesia, castillo, oficinas, casas, fábricas, servicios, setos, fuentes, etc. Pues bien, el modo con que será reconstruido el pueblo, su organización, el aspecto estético y práctico, nos proporcionarán un bagaje de información sobre la personalidad de su constructor; pero habrá también una realidad en la cual, él se habrá inspirado más o menos; habrá tenido presente en su imaginación un recuerdo, un ejemplo, un modelo en que basarse. Si nunca hubiera visto un pueblo, si no tuviese ninguna idea de las casas, de la vida colectiva, de la organización social, no sabría qué hacer con las piezas. Por lo tanto, mediremos también el sentido de su memoria social y lo que sabe de la vida civil y hasta qué punto está integrado en la colectividad y qué apoyo puede dar a su desarrollo. Habrá también lugar para su fantasía y creatividad, con tal que no degeneren en absurdos, monstruosidades y aberraciones destructivas. En tal caso diremos que su memoria está disociada o que no ha existido nunca, que es fragmentaria, limitada en el espacio y en el tiempo, no mantenida por una personalidad coherente y concreta.

Lo mismo puede decirse para todos los test basados en el dibujo. Tanto si se trata de dibujar un árbol, una casa, una persona, o de completar escenas ligeramente esbozadas o de hacer dibujos con elementos dados o partiendo de puntos o líneas insignificantes por sí solas, siempre se halla presente la llamada a una realidad vivida o imaginada. La fantasía puede deformar los objetos, hacerlos monstruosos, asociarlos de las formas más dispares, invertir su orden, agigantar un aspecto de manera que se hagan irreconocibles, pero nunca podrá crear nada en el sentido literal de la palabra. En el planeta Marte se hallan presentes elementos y compuestos como hidrógeno, oxígeno, anhídrido carbónico y metano, el más simple de los compuestos orgánicos. Pero no existen trazas de nitrógeno con lo que se puede concluir que si existe una forma de vida, debe desarrollarse en condiciones absolutamente diferentes de las que tienen lugar sobre la Tierra. Entonces, ¿por qué nos obstinamos en definir como «vida» aquella realidad que nos es desconocida? Para nosotros, nacidos y crecidos en el ambiente terrestre, el propio concepto de vida encuadra determinados fenómenos mínimos sin los cuales no podríamos pronunciar tal palabra. Ante una experiencia nueva revisaremos los límites de dicho concepto. Pero era necesario el microscopio para saber que el universo está hecho de polvo.

En las técnicas de investigación psicológica basadas en el dibujo, el tipo mnemónico es aquel que se preocupa en primer lugar de ceñirse a la realidad. Su esfuerzo para recordar es evidente hasta el punto de prolongar excesivamente los tiempos de ejecución. Un detalle llamará inmediatamente la atención sobre otros. La hoja tendrá su peciolo, su nervadura y sus bordes aserrados. El ojo será dibujado con sus correspondientes iris, pupila, pestañas y cejas. No será uno solo, sino muchos los detalles que descubren el carácter «fotográfico». Una memoria férrea da un óptimo empleado inamovible, un testimonio ocular de primerísima importancia. Se cuenta que el poeta griego Simónides fue invitado a un banquete para recitar algunos poemas célebres; pero sucedió que, terminada la lectura, el poeta se ausentó durante algún rato de la sala y precisamente durante ese lapso de tiempo, el techo se desplomó sobre los invitados matándolos a todos y dejando los cadáveres absolutamente irreconocibles. Pues bien, el poeta fue capaz de representarse «fotográficamente» la posición de todas las personas, de manera que permitió la identificación de los cuerpos destrozados.

Pero en aquel caso se trataba de un poeta, y sabemos que la memoria se acopla con un poco de inspiración, fantasía e imaginación creadora, que son elementos de la genialidad. Descubrir alguna cosa significa hacer hipótesis para después comprobar su validez.

Si por una parte la excesiva anotación de detalles puede disponernos desfavorablemente respecto a un individuo, por otra, la falta de ciertos detalles puede también ser negativa. Lo que pedimos al sujeto debe quedar bien claro para nosotros y para él.

Si un profesor necesita hoy averiguar la capacidad descriptiva de su clase, mañana el espíritu de observación y pasado mañana el libre volar de la fantasía, utilizará cada vez temas diferentes, preámbulos diferentes y también recomendaciones y sugerencias diferentes. Es cierto que el que posea aquellas dotes de forma predominante no podrá menos que ponerlas de manifiesto, cualquiera que sea el tema asignado, pero también es cierto que cuando se alcanza una cierta madurez somos capaces de dominar nuestros esfuerzos hacia una dirección mejor que hacia otra. Cuando deseemos averiguar el carácter, el temperamento, la personalidad y las motivaciones inconscientes de una persona, le dejaremos la máxima libertad de expresión; pero si nuestro objetivo es de manera preferente la memoria, nos comportaremos de diverso modo. «Dibújame una mesa rodeada de amigos comiendo»; estos son dos temas diferentes, con el primero requerimos, sin especificarlo de manera explícita, que el sujeto represente todo aquello que se necesita sobre una mesa para una comida completa, y en el segundo dejamos amplia facultad a la imaginación. Los objetos que un buen camarero dispone sobre la mesa son bien determinados; el que tiene más fantasía y más gusto puede añadir, por ejemplo, un jarro con flores, pero no pude olvidar la cuchara, el cuchillo, los platos, etc.

El hombre de Goodenough

Un procedimiento análogo lo encontramos en el test llamado del «hombre de Goodenough». Se advierte al sujeto con las siguientes palabras: «dibújame un hombre de cara, lo mejor que puedas». En este «lo mejor que puedas» existe la llamada a su atención, a su espíritu de observación y a su memoria. Es un test, del que ya hemos tenido ocasión de hablar, muy interesante y de facilísima aplicación. La evaluación se hace basándose en el número y en la cantidad de los detalles representados y no sobre la calidad el dibujo. No todos nacen pintores, pero todos son capaces de trazar líneas en las cuales se reconozca, por ejemplo, un ojo humano, aunque tal conocimiento requiere, a veces, un considerable esfuerzo de voluntad.

Pero detengámonos todavía un momento en el «hombre». En lugar de proceder a la corrección de los errores por cuenta nuestra, y a la correspondiente asignación de la puntuación, probemos a hacerlo en presencia y con la participación del ejecutor. «Mira —le diremos— a tu «hombre» le faltan las orejas, el número de los dedos no es exacto, los brazos son demasiado cortos o demasiado largos, la nariz no tiene orificios, etcétera.» Evidentemente, tendremos delante la tabla en la que se hallan enumerados los 47 puntos que se requieren para que la figura pueda considerarse completa en sus elementos y en sus proporciones. Haremos las correcciones con mucha claridad, lentamente, indicándole con el lápiz el punto donde debería estar colocado el elemento que falta o el límite que debería tener aquel otro que ha quedado desproporcionado. Le recomendaremos que lo haga mejor la próxima vez, y pasados algunos días repetiremos el experimento. Sin duda, se producirá una mejora. Su valoración vendrá dada por la diferencia de puntuación entre el primero y el segundo experimento; una valoración que pondrá de relieve la capacidad de comprensión y de retención del sujeto.

Si deseamos repetir nuestra investigación otra vez, podremos hacer la corrección como en el primer caso, pero esta vez no nos limitaremos a las palabras. Sobre otra hoja, o si el espacio lo permite sobre la misma hoja, repetiremos nosotros mismos el dibujo del hombre, intentado imitar el estilo de manera que resulte casi una copia. La corrección no será así solamente verbal sino también gráfica. El examinado verá materialmente cómo habría tenido que realizar el dibujo y a la tercera repetición este resultará casi perfecto porque la corrección visual, a diferencia de la verbal, resulta más eficaz y, en consecuencia, se imprime de un modo más duradero en nuestra memoria. Es una cuestión que poco más o menos se aproxima a la de la llamada y del reconocimiento. Cuando preguntamos: «¿Qué objetos había sobre la mesa hace un momento?» obligamos al sujeto a evocar en su mente las imágenes de aquellos objetos, a reconstruir su disposición. Pero si le pedimos: «¿Cuáles de estos objetos estaban sobre la mesa hace un momento?» nosotros se los presentamos, aunque mezclados con otros, y él debe solamente reconocerlos. Esta segunda operación se ha demostrado experimentalmente más fácil.

En el caso del «hombre» las dos correcciones han puesto en movimiento la función del aprendizaje. Es evidente que para aprender es necesario ejercitarse, repetir y fatigarse. También está claro que una vez aprendida una cosa, se termina por olvidar si no se la mantiene en ejercicio. Pero si tenemos que volver a aprender aquello, ciertamente emplearemos mucho menos esfuerzo que la primera vez. Es muy probable que un error corregido hoy no se repita inmediatamente. Si después se vuelve a corregir una segunda, una tercera y una cuarta vez, se termina eliminándolo, como sucede, por ejemplo, con los errores de ortografía. El modo de aprender está estrechamente ligado a la retención. El hábito de marcar en rojo o en otro color los errores es un modo de darles una mayor evidencia en la mente de los escolares. Es una llamada a la atención, sin la cual no puede existir un serio aprendizaje y, en consecuencia, un recuerdo duradero. Como se sabe, la función de la psique es unitaria, las subdivisiones son solamente una convención.

Memoria y aprendizaje

Françoise Hurstel-Nury llevó a cabo investigaciones sobre memoria y aprendizaje en una escuela maternal de Estrasburgo. Los sujetos que se toman en consideración van de la edad de 3 años y 4 meses a 6 años y 5 meses. Son sometidos a pruebas de dos tipos. La primera es de orden práctico, se presenta al niño un osito vestido con la siguiente indumentaria: una camiseta, unas braguitas, una chaquetilla y una faldita. Referimos el experimento como se realizó, pero eso no impide que quien quiera intentarlo, naturalmente sin pretensiones científicas, pueda usar en lugar del osito una muñeca, y en lugar de aquellas determinadas prendas de vestir, otras que estén al alcance de su mano. También es evidente que el juguete debe tener una cierta dimensión que permita su manipulación natural; si fuese demasiado grande o demasiado pequeño, las manos del niño encontrarían dificultades en las operaciones que pasamos ahora a describir. Presentado, pues, el osito, se procede a desvestirlo sin hacer ningún comentario que llame la atención del niño sobre el orden de las operaciones ni sobre el nombre de las prendas de vestir. Estas se colocan al lado, sin amontonarlas y sin el orden en que han sido quitadas, después se invita al niño a volver a vestir al osito. El objeto de la prueba es evidente: probar en el terreno práctico si el sujeto sabe realizar aquellas operaciones citadas. Los resultados son más que satisfactorios: a los 4 años realizan la prueba justamente el 60%; a los 5 años el 90% y a los 6 años el 100%. La descripción del experimento, que puede encontrarse en el n.º 6 de *Scuola e Città* de 1968, no dice si se trataba de niños o niñas.

Pasemos ahora a describir la segunda fase de la prueba. Hemos tenido ya ocasión de mencionar el hecho de que la memoria no consiste solamente en el recuerdo de un suceso, sino también en la colocación del propio suceso en su exacta serie temporal y espacial. En otros términos, el recuerdo desnudo y crudo, por ejemplo de una cara, no tiene para nosotros ningún significado si no logramos descubrir dónde la hemos visto antes y en qué ocasión. Solamente cuando nuestra búsqueda ha sido completada en el sentido mencionado, la cara de aquella persona nos pertenece verdaderamente y entra a formar parte de nuestra existencia, o sea de nuestros recuerdos. En consecuencia, la memoria debe extenderse en el espacio y en el tiempo, conquistándola con la experiencia. El «primero», el «después», el «encima», el «debajo», el «delante», el «detrás», son conceptos que tienen necesidad de ser aprendidos, cuyo nacimiento y desarrollo son propios de determinadas edades. Todo ello se basa en la reversibilidad del pensamiento. ¿Qué significa esto?

Tomemos un niño muy pequeño y pongámosle delante una pelota de color. Frente al objeto manifestará su alegría, pero si se lo quitamos manifestará su disgusto. Con el pasar del tiempo y la repetición de la experiencia, el niño no se limitará a quejarse por la falta del juguete, sino que lo buscará con la mirada e intentará volverlo a coger, si lo descubre en alguna parte. Estamos en los comienzos de la reversibilidad del pensamiento. El niño ya logra imaginar la pelota al alcance de su mano y proyecta los movimientos necesarios para recobrarla; cuando lo logra, no se cansará de repetir aquellos movimientos hasta convertirlos en un patrón. El pensamiento, la imaginación, pueden volver atrás; poco, muy poco, es cuanto precisa para introducirse en el camino de la reconstrucción de un hecho, de la formulación de una hipótesis, de la colocación de una imagen, de un acto y de un recuerdo en su lugar exacto y en su serie exacta.

Se presentan ante el niño cuatro cartones (color verde pálido, medida 10×5 cm, según prescribe la prueba) sobre los que se hallan dibujadas con lápiz negro y con el estilo más realista posible las siguientes prendas de vestir: una falda con petillo, una blusa, unas bragas y una camiseta. Todos saben que la falda con petillo es la que no limita su forma a la cintura, sino que continúa sobre el pecho con un rectángulo o un triángulo de tela que se sostiene con unos tirantes. La elección de esta prenda de vestir está justificada por el hecho de que necesariamente debe colocarse después de la blusa. El orden de presentación de las imágenes es el indicado más arriba.

La primera operación que debe hacerse será la de asegurarse que el niño reconoce las imágenes. A tal fin se le pide que las nombre una por una. Después como introducción se le explica qué es y qué tiene que hacer: que aquellos son los vestiditos de una muñeca, que él debe hacerse cargo de que son verdaderos, que debe indicar cuál le pondría primero y cuáles después para que quede bien vestida. Así, se le invita a tomar las figuras y ordenarlas, mientras se le explica de viva voz lo que deberá hacer en la práctica: «Primero, pongo las bragas», «después, pongo la camiseta», y así sucesivamente.

Y ahora la sorpresa de los resultados. Para la edad de 4 años son: resultados positivos, 12 %; primera prueba, positivos 60 %, con una diferencia de 48 % menos. Edad de 5 años: resultados positivos 45 %; primera prueba, 90 % con una diferencia del 45 % menos. Edad de 6 años: positivos 75 %; primera prueba, 100 % con una diferencia de menos del 25 %. ¿Qué ha sucedido, pues? ¿Por qué tanto desnivel entre la acción práctica y la reevocación a través de imágenes de la misma acción de por sí bastante simple? Sabemos solamente que la memoria senso-motora es la primera en desarrollarse, que es la más fácilmente condicionable y que es la última en desaparecer, aunque no sea más que como consciencia del propio existir corporal.

No es necesario profundizar en el análisis de las conclusiones que la autora hace sobre su experimento. Nos basta recordar que en la edad situada entre los 3 años y 4 meses y los 4 años y 6 meses, el 88% no logra hacer la prueba. La mayor parte de los que fallan no logran ni siquiera comprender lo que deseamos. ¿Cómo es posible vestir una muñeca con algo que no son vestidos? Un dibujo no se puede poner como un vestido. Pero si, desde la edad de 4 años y medio a 5 años y medio, logra identificar los dibujos con los objetos que, en el juego, pueden también usarse como vestidos, entonces intentará colocarlos realmente en sentido espacial, o sea «esto sobre aquello», «esto otro bajo aquello otro». Pero los conceptos de «primero» y «después» son una conquista posterior: de los 5 años y medio a los 6 años y medio.

Es curioso pensar que la diferencia se debe precisamente al hecho de estar las prendas dibujadas. Si interrogamos al niño cómo se viste, su recuerdo podrá ser muy preciso; enumerará con orden todas las prendas de vestido que se pone por la mañana. Es posible que si esas prendas estuviesen presentes sabría incluso seleccionarlas y tal vez ponérselas por sí solo, sin la ayuda de su madre. Pero los dibujos son otra cosa; son símbolos y como tales requieren una capacidad de abstracción que permita dar un orden en el espacio y en el tiempo. Es necesario que los dibujos no se consideren como objetos sino como representantes de los objetos; por lo tanto, deben tratarse como si fuesen «aquellos» objetos y no objetos por sí mismos.

Intuición de formas geométricas

El experimento que proponemos a continuación, podría definirse mejor como «prueba de intuición de formas geométricas» que como prueba de memoria propiamente dicha. «Grosso modo» recuerda al de las figuras incompletas, que nuestra experiencia logra definir incluso con pocos elementos. Pero la explicación preliminar que se hizo en aquella ocasión vale también aquí. No es posible intuir alguna cosa que no haya sido bien impresa en nuestra mente, y no solamente como un todo, sino como una forma compuesta de partes de las que conocemos la posición espacial, la función, el orden de sucesión, etc. En consecuencia, es una forma impresa en nuestra memoria después de un análisis razonado, funcional, que presupone una madurez. Por esto, nuestro experimento requiere niños que tengan por lo menos 10 o 12 años de edad. Su aplicación nace del juego llamado de la «batalla naval» tan en uso entre los niños de las escuelas elementales, que han descubierto en sus hojas cuadriculadas una función menos monótona que la de llenarlas de números. Todos conocen la técnica y la organización del juego. Ante todo se establece la amplitud del mar en que tendrá lugar la batalla: un rectángulo o un cuadrado con las correspondientes medidas expresadas en cuadraditos. Se procederá después a la enumeración de los cuadraditos de la base: 1, 2, 3, etc.; y los de la altura con las letras del alfabeto: A, B, C, etc., de manera que cada cuadradito pueda determinarse a través del sistema de las coordenadas cartesianas. Digamos al margen que la comprensión de la latitud y la longitud no deberán presentar ninguna dificultad para los que han practicado este juego. Finalmente, se establece el número de las unidades que deben participar en la lucha: acorazados, cruceros, cazatorpederos, submarinos, etc., así como el número de los cuadraditos que corresponden a cada unidad.

Establecidos estos acuerdos preliminares, los dos «almirantes» se separan y proceden al emplazamiento de su flota. Terminada la operación empiezan los disparos, que son señalados mediante una letra y un número (ej.: B7, A6, C5, etc.). Los «almirantes» deben estar delante de dos mapas idénticos. En el primero estará representado el emplazamiento de la flota propia y el subsiguiente registro de los disparos que llegan, que se indicarán con una cruz. A cada disparo que llega deberá informarse al adversario si dicho disparo ha caído en vacío o bien ha alcanzado un blanco. En cambio, en el segundo mapa se registran los disparos de partida y es el que reclamará la mayor atención; en efecto, será necesario tener en cuenta con mucho cuidado los cuadros neutralizados, las unidades tocadas, las hundidas, las que quedan y su posible emplazamiento. Por lo tanto, es un trabajo que requiere una cierta atención, capacidad intuitiva y también un poco de suerte, con cuya presencia hay que contar siempre en todo suceso humano.

Nos hemos entretenido en la descripción de este juego harto conocido para no vernos obligados a hacerlo al referirnos a nuestro experimento, cuyas variantes son muy pocas o insignificantes desde el punto de vista técnico. Nuestro «mar» es idéntico a un tablero de ajedrez: ocho cuadros de lado con un total de 64 cuadros. Se hacen dos copias, una para nosotros y otra para nuestro sujeto, debidamente numeradas del 1 al 8 y de la A a la H. En este punto es necesario explicar el objeto de la prueba con unas frases parecidas a las siguientes: «He dibujado sobre mi mapa una figura geométrica de tipo común como un triángulo, un cuadrado, un rectángulo, un trapecio, un círculo, etc. Para representar la figura no me he servido de líneas, sino de puntos colocados en el centro de los cuadros. Tú intentarás adivinar la figura «disparando tiros» como se hace en el juego de la «batalla naval». Cuando uno de tus disparos caiga sobre un cuadrado que forme parte de la figura, yo te lo advertiré con la palabra «tocado». Procura hacerlo todo lo mejor que puedas, no desperdicies los disparos, porque el valor de la prueba dependerá del número de disparos que habrás tenido que hacer para cubrir todo el trazado de la figura. Cuantos menos sean tanto mejor».

Para nosotros, que somos los jueces de la prueba, una cosa reviste especial importancia, y es la de señalar con un número progresivo todos los disparos de llegada, con objeto de poder seguir los procesos lógicos que se desarrollan en la mente del sujeto. Y esto no tanto en los primeros disparos, llamados de ensayo, en los cuales puede haber intervenido la suerte, como en los que se suceden después del primer «tocado». En efecto, el muchacho, que ha llegado a ponerse en contacto con nuestra figura, deberá hacerse una serie de preguntas: «¿He tocado el vértice de la figura o un lado? Si es un vértice, las direcciones posibles son dos, si es un lado se convierten en cuatro. ¿Cuál elegir? ¿Intentaré hacia la derecha o hacia la izquierda, hacia lo alto o hacia abajo?».

Para definir un cuadrado precisará que el sujeto determine los tres vértices para después poder proseguir seguro; mientras no posea más que dos, la figura puede siempre ser un rectángulo. No se trata solamente de comprobar el desarrollo coherente de un razonamiento lógico que toma en consideración todas las posibilidades, sino también de descubrir si ha intervenido el azar en su ayuda, cuando a un golpe «afortunado» sigue otro absolutamente ilógico. Por lo tanto, no es solamente el número de disparos lo que se debe utilizar para establecer un juicio, sino la sucesión de estos disparos, que en su desarrollo lógico, pueden hacerse también más numerosos.

En cuanto a la tipología de los sucesos, tendríamos muchas cosas que decir, pero ello nos llevaría muy lejos. Consideramos que para nuestra investigación basta tener en cuenta los dos límites extremos de los que ya hemos hablado en el ejemplo de las figuras 5 y 6. En la primera encontramos un proceder lógico. Cada disparo está justificado por una posibilidad de que la figura se desarrolle también en aquella dirección. En la segunda, el razonamiento falta totalmente. Puede decirse que el sujeto que se comporta de aquella manera no ha comprendido lo que deseamos, no tiene ninguna idea de la figura y cree resuelta su tarea «disparando» tiros y basta. Esto es muy comprensible en un niño de 7 u 8 años, e incluso más, pero no lo es en uno que tenga ya 10 o 12 años. Para un sumario examen de los resultados bastará, pues, un vistazo a la hoja donde hayamos registrado y numerado progresivamente los disparos recibidos. Será durante el desarrollo de la prueba que nos haremos una idea de la memoria y de la intuición del sujeto; pero si queremos recurrir a investigaciones más minuciosas, para hacernos una idea precisa de dos sujetos puestos en comparación, entonces tendremos que considerar todo el camino recorrido.

Esta operación podría hacerse de acuerdo con los interesados; ellos mismos serían capaces de proporcionar o no una justificación lógica de su acción. Ello, naturalmente, si el número de los disparos utilizados fuese prácticamente el mismo; en cambio, si fuese muy diferente significaría una evidente diferencia del nivel de razonamiento.

Hemos olvidado una advertencia técnica: es necesario asegurarse de que el niño señale sobre su mapa el cuadrado que nosotros acusamos como «tocado» con una cierta evidencia, tal vez con un circulillo rojo. Debe quedar muy patente que ha tomado contacto con nuestra figura.

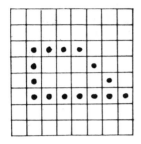
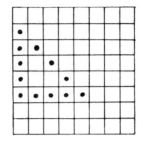

Ejemplos de colocación de figuras

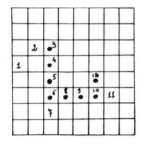

Cuadrícula

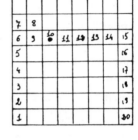

Numeración de los «disparos»

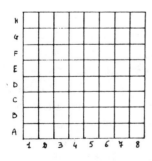

«Disparos» lógicos

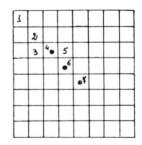

«Disparos» ilógicos

Organización de la memoria

El experimento que sigue se propone dos objetivos. El primero es ensayar la capacidad mnemónica de una persona puesta ante una situación completamente nueva. El segundo está destinado a juzgar la capacidad de comprensión, subsiguiente a la repetición de dicho experimento; esta repetición será tanto más precisa cuanto más cualidades intuitivas y de organización posea el examinado.

Ante la tarea específica de aprender de memoria alguna cosa, cada uno organiza su propia atención del modo que cree más adecuado y más útil para facilitar el recuerdo. Esto ocurre de manera especial cuando los elementos que deben recordarse, no tienen ninguna unión entre sí, es decir, no se hallan dispuestos en una sucesión lógica, como ocurre, por ejemplo, en la memoria de sílabas sin sentido. No se necesitan pruebas para saber que la frase «un tal buen vin pa ber» se recuerda con mucha más facilidad que una serie de seis sílabas; como: den, su, fa, co, mi, per. Si después descomponemos la frase mencionada y la presentamos así: ber, pa, tal, vin, un buen, persistirán todavía las mismas dificultades de memorización, hasta que no hayamos descubierto el secreto y dado orden a la frase. Es precisamente en la posibilidad de descubrir este orden en la que basamos nuestra prueba. Por lo tanto, es una memoria no simplemente visual. El material necesario es el que se señala en las páginas 136, 137 y 138 y consiste en un cartón dividido en dieciséis recuadros, cada uno de los cuales contiene una figura fácilmente reconocible dibujada de modo esquemático.

Será necesario proceder al calcado de estas figuras sobre otra hoja, encolar esta en un cartón y recortarlo en dieciséis cuadrados. Aparte se preparará un segundo cartón de las mismas dimensiones que el primero, rayado de la misma manera, pero sin los correspondientes dibujos. Sobre él deberán hallar su lugar los dieciséis cartones sueltos que hayamos recortado. Dicho cartón, en blanco, nos servirá también para las pruebas siguientes, así como los correspondientes cartoncitos.

Ahora bien, si nos falta paciencia para hacer otra copia de la tabla reproducida en nuestro libro, pongamos la misma delante de nuestro examinado y dejémosle que la observe atentamente durante un par de minutos. Primeramente le advertiremos que el experimento consistirá en volver a componer la tabla por medio de cartones sueltos, en el mismo orden en que se presenta. Podemos mostrarle algunos de los cartones sueltos, así como el cartón vacío, sobre el cual deberá colocarlos.

Transcurridos los dos minutos, apartaremos el cuadro de conjunto y le daremos el cartón cuadriculado y las figuras sueltas. Al instante veremos si se contentará con coger una cada vez o si, por el contrario, quiere ver varias para orientarse mejor. Además, será adecuado tomar nota del tiempo empleado para realizar toda la operación, con objeto de compararlo después con el que empleará en las pruebas siguientes y comprobar la diferencia. Difícilmente la prueba será realizada sin errores. De todos modos tomaremos nota de los cometidos, que serán tantos como figuras queden sin colocar en su lugar exacto.

Después de un cierto período de reposo, si lo consideramos oportuno, presentaremos la segunda tabla durante el mismo tiempo: dos minutos aproximadamente. La característica de los dibujos es que se hallan dispuestos según un cierto orden que, una vez intuido, facilitará mucho su recomposición. En efecto, en la primera hilera se hallan: la casa, la iglesia, la torre, el puente; elementos todos que pueden clasificarse bajo la denominación de «construcciones». La segunda hilera comprende una flor, una hoja, un árbol y una maceta: el reino de las plantas. La tercera reproduce un tazón, una copa, una olla y una sartén; objetos de casa, de cocina, recipientes. Finalmente, la cuarta es una sucesión de figuras geométricas: un triángulo equilátero, un cuadrado, un rombo y un círculo.

En esta segunda prueba, los errores deberán casi desaparecer totalmente. Si, por el contrario, se repitiesen en el mismo número que la primera vez o casi, deberemos deducir que el niño está todavía inmaduro para una clasificación de las cosas perceptibles y observadas. No logra captar las propiedades comunes de los objetos y no sabe hacer uso de ellos como sistema de memorización. No se trata aquí de reconocimiento de formas semejantes, sino de conceptos semejantes.

Un puente no tiene nada que ver con una iglesia; es la idea de la construcción humana, de la piedra, de la vida civil, la que debe unir las dos figuras. Clasificar es conocer y por ello recordar. La manía de las colecciones, tan viva ya en los niños de 8 o 10 años, corresponde también a esta necesidad de poner orden en las cosas. Comenzando por la primera gran división del mundo que nos rodea en cosas agradables y en cosas desagradables, se llega a la clasificación de las moléculas y de los átomos.

La tercera prueba se efectuará solamente en el caso de que

se supere con éxito la segunda, y será la confirmación de que el niño ha elegido el camino exacto y no por casualidad. Tendremos las mismas agrupaciones en las figuras, pero dispuestas en el sentido de las diagonales y, por partes, en el sentido vertical y horizontal. Los errores se reducirán a cero. El tiempo de realización de la prueba será menor; el sujeto actúa con desenvoltura y seguridad, su familiaridad con las figuras le permite verlas lógicamente relacionadas también en sentido, por así llamarlo, visual. Esto se debe también a la circunstancia de la proximidad de la repetición.

El mismo experimento podría repetirse a una cierta distancia de tiempo, pongamos un mes, invirtiendo el orden de las pruebas. Se tendrá una disminución de errores en relación con la primera prueba realizada sobre el primer cartón. Esto es también una consecuencia del así llamado fenómeno de reaprendizaje; en efecto, cuando vemos que tenemos que aprender una cosa que ya sabíamos en el pasado, empleamos menor tiempo y cometemos menos errores. Esto lo pueden decir muy bien los estudiantes, cuando se dedican a las operaciones de repaso al final del curso. Para las materias estudiadas con empeño durante el año basta una mirada, pero para las otras no hay más remedio que estudiarlas *ex novo*. ¿Qué sucede al invertir la prueba? Simplemente esto: si el niño intuye la clasificación, logrará fijarla en su memoria en la sucesión entera de los diversos elementos de cada serie. Así, pues, será capaz de captar la colocación irregular incluso en el primer cuadro. No verá, por ejemplo, la olla, el puente, la flor y el rombo, sino la serie geométrica: triángulo, cuadrado, rombo, círculo. Puede suceder que en el tiempo que se le concede para la observación no logre ordenar todas las series, pero cuando se disponga a poner en su lugar los cuadrados lo hará en este orden, es decir, por series. Si no lo logra con todas ellas, tomaremos nota de una cierta prudencia en él, de una cierta lentitud; lo que significará un especial tono de dinamismo psíquico encaminado sobre el camino exacto y, por lo tanto, susceptible de mejora.

Consideramos que la prueba puede ser válida también para personas adultos. En caso de resultados semejantes, el tiempo empleado podrá ser el elemento decisivo de juicio.

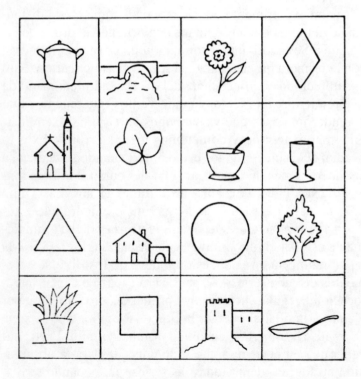

Lámina n.º 1

Lámina n.º 2

Lámina n.º 3

138

Los test de aprovechamiento

Hace años se llevó a cabo una interesante investigación entre los alumnos de una 1.ª clase de enseñanza media en una escuela estatal de Génova. Esta prueba está referida por sus autoras, Onete y Oelker, en el n.º 11 de *Scuola e Città* del año 1969. Se trataba solamente de preguntar a los estudiantes si, para la comprobación de su aprovechamiento, preferían el método tradicional de los exámenes o bien preferían someterse a test especiales de aprovechamiento.

Los resultados de la encuesta nos interesan directamente, ya que la valoración del aprovechamiento consiste, en el fondo, en la valoración de lo que un estudiante recuerda de todo aquello que se le ha enseñado en la escuela durante un cierto período de tiempo. Es cierto que, según los últimos criterios que han servido para la reforma de los exámenes de madurez, lo dicho anteriormente habría perdido su valor. ¿Están así realmente las cosas, o bien hay que hacer algunas reservas? ¿Puede pretenderse una cultura formativa sin un necesario bagaje de informaciones? Creemos que no. Ahora bien, las informaciones son precisamente lo que son y deben recordarse como tales. El encuadramiento del saber en el tiempo y en el espacio, las deducciones lógicas, las suposiciones, las hipótesis de trabajo, presuponen un material sobre el cual el pensamiento puede actuar y la misión de la memoria es recogerlo y almacenarlo. La creatividad no tiene como base solamente el pensamiento divergente, o sea polimorfo, no conformista, sino también el pensamiento convergente o sea el que se concreta, el que se realiza.

Volviendo a la encuesta mencionada, diremos ante todo que las respuestas de los estudiantes fueron casi unánimes: preferencia absoluta por los «test de aprovechamiento». Desterremos, pues, los interrogatorios de viejo estilo y los exámenes escritos y dejemos lugar a los cuestionarios, al lado de los mencionados test.

No sabemos si se han hecho encuestas de este género entre estudiantes de escuelas superiores. Por ello, no podemos ni tan siquiera suponer si las respuestas habrían sido del mismo tenor. En el caso específico se trataba de alumnos cuya edad oscilaba alrededor de los 12 años, y no se ha dicho que lo que se piensa a esa edad tenga todavía valor a los 20 años. Ciertamente, el método de los test puede encontrar su colocación exacta en cualquier examen y a cualquier edad, como integración, aclaración y profundización de otras pruebas.

Indicaremos brevemente algunas motivaciones que hacen preferibles los test. No hay que fatigarse para expresarlas; nombres, datos, lugares, están ya relacionados entre sí; bastará decir si lo que está escrito va bien o no. Además, el test ayuda a recordar porque reclama la ayuda de la memoria de reconocimiento, mientras que la interrogación reclama la memoria de reevocación. Las preguntas, pues, son muchas y no se corre el riesgo de interrogar solamente cosas que no se saben. Finalmente, a los test se responde con más calma, sin la influencia de los compañeros ni de los examinadores; la mente está más serena, menos empeñada en la busca de la expresión, etc. Comparado con la interrogación, el test libera de todas las influencias negativas debidas a la emotividad y esto es un hecho de extrema importancia, especialmente para los muchachos de doce años. Liberarse de las complicaciones emotivas ante la figura del profesor es la razón esencial del rechazo a la interrogación. En psicoanálisis el fenómeno se definiría más bien como «la liberación del temor al padre», «rechazo del sentido de culpabilidad», «lucha por la independencia».

Existe todavía otra motivación a favor de los test que no podemos silenciar: la necesidad de comprobación. No puede responderse a las preguntas de un test y después tirarlo por la borda. Es urgente saber si hemos respondido del modo exacto; la comprobación no admite equívocos.

Nada de excusas ni de recriminaciones; sobre todo, nada de culpar a los examinadores. He equivocado la respuesta o he contestado exactamente; es mío el mérito, como mía es la culpa. Si los test no presentasen otras ventajas, solamente por esta merecerían tomarse seriamente en consideración; como desarrollo de una conciencia de responsabilidad personal. Por lo tanto, comprobación significa también volver a ver, repasar, reaprender. En consecuencia, otra ventaja. ¿Cuándo podremos darnos cuenta del juicio de insuficiencia dado a una composición nuestra o a una interrogación nuestra? La objetividad del test es indiscutible, no así la del examinador.

Con un poco de paciencia y un poco de buena voluntad, cualquiera es capaz de preparar test de aprovechamiento escolar. No obstante, entendámoslo bien: su validez está limitada naturalmente en el espacio y en el tiempo. Pueden valer para el propio hijo, del cual conocemos sus estudios, libros leídos y capacidades. Pueden ser válidos para los alumnos de una misma clase, preparados por el mismo profesor, todo lo más para clases paralelas, pero siempre con la guía de los libros usados, de los argumentos tratados y del método adoptado. Establecidos estos principios podemos disponernos a la empresa, buscar la materia de la cual se desea medir el aprovechamiento, formular los cuestionarios, escribirlos y copiarlos si se necesitan varias copias. Cada persona debe tener su hoja, realizar la tarea con calma y solo. Es inútil decir que no deben haber libros para consultar. Se apela a su saber, a su memoria, y este hecho puede también llenarle de entusiasmo. Pasemos ahora a algunos ejemplos. Abramos un libro de historia elemental y leamos un capítulo cualquiera, por ejemplo, el dedicado al descubrimiento de América. Más o menos sucintamente veremos narradas las diversas fases de los sucesos acaecidos. A nosotros nos interesa fijar la atención en algo que quede bien claro en el texto de la narración. Por eso, repetimos, los test deben elaborarse siempre tomando como base el contenido del libro que ha servido para el estudio de la materia. Las preguntas extrañas, las deducciones lógicas y las hipótesis no se consideran en este momento.

Formulamos, así, la primera prueba:

«El descubrimiento de América tuvo lugar el 12 de octubre de 1492 por Cristóbal Colón.» Cierto-Falso (subrayar la respuesta exacta).

En el tipo cierto-falso podemos extendernos cuanto deseemos. Bastará alternar con astucia nuestras afirmaciones y no hacerlas ni todas ciertas ni todas falsas. Además, la verdad o la falsedad de cuanto digamos no debe ser demasiado evidente, sino obligar al niño a una cierta reflexión. ¿Cómo haremos para asegurarnos de que la respuesta exacta no haya sido dada por casualidad? En cuanto ha terminado su trabajo, él podrá controlar sus respuestas consultando el libro de texto del cual se han obtenido las preguntas. Tendremos así la primera autocorrección. Después pediremos que nos muestre los párrafos del libro donde se justifica su respuesta.

Continuando con la misma materia de historia, véanse a continuación otros tipos de pruebas:

«Don Rodrigo Díaz de Vivar, de sobrenombre El Cid, intervino en numerosas hazañas contra los moros y murió en Burgos, Valencia, Granada.» (Subrayar el nombre exacto.) Las probabilidades de adivinar por casualidad disminuyen mucho, pero podremos siempre recurrir a la comprobación como en la prueba anterior.

Otro tipo de prueba (siempre sobre el mismo tema):

«Don Rodrigo Díaz de Vivar tuvo dos hijas, doña Elvira y doña Sol, que se casaron con dos hermanos.» Escribe sus nombres.

Aquí no hay necesidad de comprobación por parte del examinador. Los dos nombres se saben o no se saben. Antes de pasar a la autocorrección señalemos al lado de la prueba el número de las respuestas exactas. Evitaremos así la tentación por parte de cualquiera de añadir bajo mano un nombre eventualmente olvidado.

Nuestras posibilidades no terminan aquí. Sabemos que, con el nombre de mozárabes se denominaron a los españoles que aceptaron la dominación árabe mediante la conservación de su religión, usos y costumbres. Podemos presentar otra prueba en estos términos:

— ¿Quiénes recibieron el nombre de mozárabes en la Edad Media?

— los árabes que nacieron en la península durante esta época;

— los cristianos que vivieron entre los mahometanos en España conservando su religión y costumbres;

— los mahometanos que conservando su religión, quedaron como vasallos de los reyes cristianos.» (Indíquese la respuesta exacta.)

Creemos que al llegar a este punto, los ejemplos indicados son más que suficientes para dar una idea del valor de los test en la valoración del aprovechamiento escolar, precisamente en el terreno específico de la memoria, cuya revaloración no es solamente un deseo de polémica, sino un deber preciso.

Es sabido que el proyecto de una casa, que nace y se desarrolla en la mente del arquitecto, no es la suma de los ladrillos, del hierro y del cemento, pero también es verdad que sin aquellos materiales todo proyecto sería inútil, incluso imposible.

Si deseamos extender todavía nuestras investigaciones, no faltarán los temas. Hemos hablado de series de números que deben completarse o proseguirse según un cierto ritmo, de signos y de letras del alfabeto que deben repetirse según un cierto orden. Podemos aplicar el mismo método a diferentes series de nombres.

Escribamos, por ejemplo: «Ataúlfo, Sigerico, Walia, Teodoredo...» e invitemos al examinado a continuar. Comprenderá inmediatamente que se trata de los reyes visigodos y esforzará su memoria para añadir cuantos pueda.

La siguiente serie de números le obligará a recordar las fechas de las guerras carlistas que ensangrentaron el suelo español en el siglo XIX: «1833-183..., 187...-1876».

En la siguiente serie de los últimos reyes españoles faltan dos de ellos. Escríbanse sus nombres:
«Fernando VII, Carlos IV, ..…..., ..…..., Alfonso XIII».

No hablamos tampoco de las pruebas que pueden idearse sobre la clasificación, que podríamos denominar «contaminada por un elemento extraño», que precisa descubrir. Veamos un ejemplo: «Averroes, Muley Hacén, Boabdil. Dos caudillos y un filósofo árabes». Evidentemente, el primero no entra en la misma categoría de que forman parte los otros dos. Subrayar el elemento extraño y decir (o escribir) el motivo de la exclusión. Podría continuarse con otros ejemplos.

No hemos tratado el argumento historia por una razón especial, sino por dar un ejemplo. Las mismas pruebas, los mismos esquemas son aplicables a todas las otras ramas del ser humano. También en geografía puede hacerse mucho con el auxilio de los mapas mudos (mudos en el sentido de que no llevan nombres). Todo lo que es motivo de estudio, o sea de aprendizaje, es factible de reevocarse o reclamarse a nuestra memoria. Evidentemente, no pretendemos decir que saber debe consistir «solamente» en la memoria, sino «también» en la memoria, según las motivaciones psicológicas a que hemos aludido anteriormente.

Siempre por las mismas motivaciones, el test se muestra como la forma más aceptable, más conforme, más libre a la función del recuerdo, especialmente en una edad en la que el pensamiento y los medios expresivos no han alcanzado todavía un suficiente nivel de autonomía. En muchas escuelas el problema se ha debatido a nivel especializado bajo la denominación de «estudios sobre las pruebas objetivas». El hecho, además de la exigencia de corresponder a una moda muy difundida en los países anglosajones, satisface otra índole más íntima, más moral, que es la de conseguir una evaluación menos personal, más respetuosa y más justa de la individualidad del prójimo.

Esta exigencia debe reforzarse dando a quien corresponda las indicaciones y los medios para hacerla cada vez más sentida y eficaz. No importa si la primera vez la obra no sale perfecta, si suscita la desaprobación en ciertos ambientes que hacen del saber un monopolio de pocos. Toda puesta en marcha resulta siempre ardua, sea la que sea. Pero siempre es mejor errar que no hacer nada, porque también el error tiene una gran función.

Memoria y aptitudes

Es especialmente en la investigación sobre las aptitudes donde el factor memoria adquiere su valor específico. Cuando nos preocupamos en establecer la capacidad de recuerdo de un sujeto, lo hacemos siempre con vistas a un fin práctico. En una sociedad moderna, aunque no solamente en esta, el valor de un individuo es dado por su grado de *performance*, es decir, por su capacidad de rendimiento. De esta manera, el hombre busca adaptarse lo más posible a las máquinas que han invadido y condicionado su existencia. Se mide a sí mismo con el mismo parámetro con que valora, por ejemplo, un telar: producción horaria, costos de mantenimiento y de fabricación, resistencia al desgaste, facilidad y simplicidad de instalación y utillaje, etc. El fin es único: producir rápido y bien, o sea barato. Por ello el hombre que vive en medio de las máquinas debe adaptarse a estas necesidades, debe convertirse en un apéndice de la misma máquina, tener idénticas características, padecer el mal rendimiento de lo que ha construido y la inutilidad práctica de su invención. No todos los científicos están de acuerdo en qué consisten las aptitudes. En un intento de perfección y de universalización hasta lo inverosímil, las definiciones terminan por alejarse de la realidad y hacerse totalmente vagas hasta el punto de no significar ya nada o muy poco. Si vemos un niño que espontáneamente pasa horas y horas haciendo dibujos o leyendo libros, decimos que es aplicado, que tiene aptitudes para el dibujo o la lectura. Sabemos que la aptitud tiene por sí sola pocas probabilidades de conducir al éxito si no se perfecciona con el ejercicio. Sabemos que existen aptitudes en estado latente, o sea que no han tenido nunca ocasión de desarrollarse por causas generalmente ambientales. Bajo este punto de vista encontramos en la sociedad a los «genios» que van diciendo: «Si mi padre hubiese hecho esto, si mi padre hubiese hecho aquello, si yo hubiese podido frecuentar tal escuela, si yo hubiese empezado antes», etc. Para salir al paso de estas recriminaciones, la legislación afirma que «a cada ciudadano debe dársele la posibilidad de su desarrollo integral». Siempre con este fin se hallan dirigidas todas las investigaciones psicológicas, la asistencia social, los centros médico-psicopedagógicos, los centros de orientación profesional, etc. Todos están de acuerdo en la búsqueda del lugar exacto para cada persona. En la práctica se trata de establecer la calidad y el grado de las funciones físicas e intelectuales de cada individuo. Una aptitud deportiva requiere una determinada estructura muscular. Ciertos trabajo pesados exigen mucha fuerza y mucha resistencia a la fatiga. Entre las dotes psíquicas tomaremos en consideración la memoria, el tipo de observación (sintética o analítica), el tiempo de reacción a los estímulos visuales o auditivos, la imaginación, el automatismo, la resistencia a la sugestión, etc. Un radiotelegrafista o un piloto, por ejemplo, no pueden permitirse muchas distracciones. Un operario en una cadena de montaje debe llegar a conseguir una repetición cronometrada de movimientos que no admite errores o variaciones. Es una actividad que prolongada en los años, puede conducir a la neurosis o incluso a la locura. Este es el significado de «alienación».

Que la memoria entre como función dominante en el estudio de las aptitudes es un hecho totalmente natural que generalmente pasa inadvertido. La facultad del recuerdo es el esqueleto principal de la psique, sin el cual toda actividad no solamente cesaría, sino que ni siquiera nunca hubiera podido comenzar. Por esto los hechos mnemónicos se hallan comprendidos bajo la palabra «aprendizaje». La lentitud o la velocidad con que aprendemos una cosa depende del interés que sentimos por ella. Y el interés coincide un poco con la aptitud. Difícilmente encontraremos un interés por el deporte activo en una persona constitucionalmente débil y enfermiza. Precisamente por el interés, en el que radican todos nuestros buenos aprendizajes, no confiamos mucho en los test que pretenden ser específicos de la memoria, de aquella memoria árida, hecha, por ejemplo, de cifras o de sílabas sin sentido. Existen individuos que sienten una repulsión casi física por todo aquello que sean números, mientras recuerdan con extrema facilidad trozos de poesía o prosa. Nuestros niños de hoy, bajo el influjo de las costumbres, nos pueden asombrar, por ejemplo, por su prodigiosa memoria deportiva: equipos de fútbol, nombres de jugadores, alineaciones, clasificaciones, campeonatos, etc. ¡Y en la escuela no logran recordar las tablas de multiplicar! Este es un problema didáctico de primerísima importancia.

Las modernas teorías del análisis factorial, constituyen en cierto modo la conclusión lógica obtenida en el terreno experimental, del descubrimiento de estos lazos existentes entre aquellas que la antigua psicología llamaba facultades, como la memoria, la inteligencia, la atención, la imaginación, etc. Se ha descubierto así un factor «G» (general) que no hace más que traducir en términos científicos aquellas cualidades que, según el sentido común, hacen de un hombre una «persona de valía». Ya hemos tenido ocasión de hablar del factor «F» (fluidez), pero existen otros, como el factor «R» (razonamiento), el factor «E» (espacial), el factor «V» (verbal), et-

148

cétera Quien posea una óptima cantidad de factor «G», es un tipo que logra el éxito, aunque sea modestamente, en todas las tareas que se le confíen. Es evidente que un tipo así debe poseer también un alto grado de factor «V», es decir, debe ser capaz de comprender y de expresarse en un lenguaje común. Y ¿cómo puede prescindir del factor «R» (razonamiento)? Pongámosle ante esta serie de números:

2 - 4 - 6 - 8 - 10...

e invitémosle a continuar la serie. O bien una serie de letras:

A + B + C, A + B + D, A + B + E, ...

Sin duda, será capaz de continuar las series. Ya hemos tenido ocasión de indicar estas pruebas y visto cómo pueden hacerse dificilísimas, complicando la sucesión. Así, si obligamos a elegir entre las siguientes palabras la que tiene cierta afinidad con *campaneo*, entrará en juego el factor «V» (verbal): sonar, soñar, retardar, intentar, contar. Si con el sistema de las sombras chinescas proyectamos sobre una pantalla una mano y le preguntamos qué mano es la que sucesivamente presento, será el factor «E» (espacial) el que tendrá la preferencia. Lo mismo ocurre en los test en que figuran formas geométricas, comparaciones, descomposiciones y recomposiciones espaciales. Vernon ha formulado, además, una concepción jerárquica de los factores: generales, de grupo y específicos. Los factores generales son las capacidades que se requieren en toda prueba y sin las cuales dicha prueba no podría realizarse. Por factores de grupo se consideran todas aquellas dotes que son comunes a una determinada categoría de personas y que constituyen el nivel cultural de un determinado ambiente: la lengua, la instrucción, las costumbres, los hábitos, los usos, etc. Ya hemos dicho que no puede pretenderse la reconstrucción de un accidente automovilístico, por quien no posea experiencia de automóviles. Los factores específicos son los que se requieren para determinados oficios o profesiones. Un individuo, dotado de los factores generales y de grupo, no podría ser pianista si no lograse mover ágilmente los dedos a causa de algún defecto físico. Del mismo modo, no podría ser piloto si padeciese daltonismo. No puede concebirse un contable, un secretario, un director de fábrica si no están dotados de buena memoria. Lo mismo ocurre con un director de orquesta que dirige las composiciones más difíciles sin la partitura, recordando de la pieza, no solamente el motivo sino también cada una de sus partes y sus más delicados matices. El campo de la memoria auditiva y visual es tal vez uno de los más misteriosos. Muchas veces se nos ha preguntado qué coeficiente intelectual tendría Mozart, a la edad, por ejemplo, de 10 años, o el de los niños prodigio que a edades todavía inferiores han dirigido de memoria una sinfonía de Beethoven. ¿Cómo explicarnos el fenómeno de individuos analfabetos que a edad tardía recuerdan monólogos escuchados una sola vez en el teatro durante la época de su servicio militar? Pueden obtenerse resultados brillantísimos en las pruebas en que predominen los factores «G», «V», «E» y «R», pero si no existe el factor específico no hay nada que hacer. Pero, ¿puede existir el específico sin los otros? Parece ser que sí, aunque excepcionalmente.

Las emisoras de radio y televisión de todo el mundo han usado y abusado de programas con premios, en los que el factor memoria es el más importante. En ellas participan personas de todas las clases sociales y no se ha demostrado que los universitarios se las compongan mejor que los que poseen solamente estudios elementales. Los campos de las actividades humanas, y consecuentemente del saber, son numerosísimos. Para provocar la fuerza del recuerdo, los expertos tienen que ir a la búsqueda de los datos más minuciosos, más impensados, de los detalles más oscuros e insignificantes a medida que el premio se hace más importante. A veces el tema es elegido por el concursante, pero otras se confía al azar y entra en juego la suerte. De todos modos consideramos que esas pruebas específicas no están necesariamente ligadas al factor «G», es decir, no constituyen con certeza un signo de apertura de maleabilidad, de posibilidad; antes bien, creemos que el derroche excesivo de energías en un campo limitado lleva, como consecuencia, la disminución de disponibilidad energética en otras actividades. En suma, se produce en la psique una especie de fosilización. Todo es visto en función de aquel objetivo que asume frecuentemente la forma de una compensación de la personalidad. En ese espectacular sobresalir sobre los demás, la persona encuentra motivos suficientes para la defensa y la afirmación del propio «Yo».

En un mundo donde la máquina está sustituyendo al hombre en casi todas sus actividades, los test de aprovechamiento en la mecánica asumen ciertamente una importancia excepcional para una primera selección de los sujetos que deben participar en el trabajo industrial. Una elección, aunque superficial, permite un adiestramiento con un porcentaje mayor de éxitos.

Reconstrucción de objetos

Siguiendo las huellas de Stenquist, hablaremos del reactivo de reconstrucción de objetos. Todos tenemos al alcance de la mano pequeños objetos de uso familiar como una aldaba, un mango, una pinza de ropa, una llave inglesa, un interruptor de la luz, etc. La prueba puede desarrollarse en dos fases. En la primera puede mostrarse la operación de desmontaje, invitando después al sujeto a la recomposición. Tenemos así la ocasión de experimentar la habilidad manual, la capacidad de adaptación, la inteligencia práctica y también el recuerdo de la sucesión de las operaciones. Este hecho se convierte en esencial cuando se trata de mecanismos complicados, cuya combinación de las diversas partes requiere también el preciso conocimiento de su función. Dirigiendo sus cuidados de manera especial a la infancia, la industria contribuye con una especie de preparación a la integración del hombre en la civilización industrial; el número, el tipo y la complejidad de los juguetes que se vierten sobre el mercado crece continuamente y nuestros niños están ya integrados en su mundo mecánico que su curiosidad perfecciona cada vez más. El carro de madera y la muñeca de trapo son un recuerdo de nuestros abuelos; hoy se habla de consolas y juegos informáticos.

El patrimonio de los conocimientos mecánicos ya es inmensamente rico en un muchacho de la escuela elemental. El niño que colecciona tipos de automóviles somete su memoria a esfuerzos considerables para recordar los que posee, las características de cada uno y tal vez el año de fabricación; este niño ya es un virtual cliente al que no será fácil satisfacer sus exigencias. Sin embargo, con toda probabilidad también su trabajo tendrá que ver con ingenios más o menos complicados, de los cuales tendrá que aprender su manejo hasta el punto de poder usarlos habitualmente sin esfuerzo, desde el desplazamiento rítmico de una palanca al control simultáneo de decenas de mecanismos.

Parece ser que la astronave «Apolo XI» instaló a bordo hasta 640 aparatos diferentes. Si, además de todas las otras dotes requeridas, los tres navegantes del espacio no hubiesen tenido también una memoria prodigiosa, no habrían llevado a término la empresa del desembarco en la Luna. Complejidad de las máquinas en continuo aumento; complejidad del hombre, que debe crecer al mismo ritmo. El peligro de que el hombre construya una máquina que luego escape a su control está siempre presente.

Aptitudes comerciales

Para este tipo de aptitudes no podemos contentarnos con la medición única del factor específico. Una memoria excepcional no sirve de nada si no va acompañada de la superación de las pruebas en que predominan los factores «R», «E», «V», «F», etc., y en particular el factor «G»; lo que significa que la inteligencia debe ser lo más completa posible. Aquí radica el trabajo de la escuela en la formulación de sus programas. Una instrucción básica amplia, extensa en el tiempo y en los intereses, de manera que, a través de los éxitos y fracasos, cuyo valor formativo no será nunca suficientemente apreciado, el individuo encuentre su camino en la vida.

Muy interesante es el reactivo de las aptitudes comerciales estudiado por Thurstone. Citaremos algunas pruebas en las que consideramos interviene en buena parte la memoria y que son de preparación fácil:

Completar lagunas en un texto. Bastará tomar una carta comercial común y transcribirla, omitiendo alternativamente nombres, adjetivos, verbos e incluso ideas enteras, según el grado de dificultad que se desea dar a la prueba. Ejemplo: En .... a su atenta del 7 .... le .... que estamos en .... de servirles todo lo que usted .... dentro de la próxima .... etc. La colocación de las palabras que faltan nos dará idea de la experiencia que posee el sujeto en el terreno de la correspondencia comercial, así como sus posibilidades de mejoramiento. Naturalmente, debe tratarse de personas dotadas de una buena cultura, como es exigible a quien pretende obtener una colocación.

En las pruebas de selección es conveniente la búsqueda de los factores generales, pero no hay que olvidar los específicos.

Volviendo a Thurstone, encontramos las pruebas siguientes:

Responder por escrito a algunas preguntas propuestas después de la lectura de un pedido comercial; prueba que no debe presentar dificultades en su preparación para quien sea ducho en negocios. Ejemplos de preguntas: «¿Considera posible el pedido?; ¿Completo?; ¿Qué garantías precisaría exigir?; ¿Qué reservas pueden o deben hacerse?; ¿Cómo contestaría para modificar o para anular el pedido?» La experiencia y el texto elegido son óptimos consejeros.

Agrupar en diversas categorías una serie de ciudades basándose en el número de sus habitantes. Aquí, los recuerdos geográficos son esenciales. El reactivo habla de siete categorías, pero puede dejarse en libertad la elección del número. El que tenga conocimientos más precisos presentará más grupos.

Realizar un cierto número de sumas y después clasificar los totales según un criterio indicado cada vez. Ejemplos de clasificación: según el número de los sumandos, según el número de las cifras, según una aproximación a números dados, etc.

Subrayar en una larga serie de cifras, todos los números cuya suma de cifras sea 9, o bien todos los números cuyo cálculo a los efectos de la prueba del 9 sea igual a cero.

Partiendo de una lista de clientes, transcribir sus nombres por orden alfabético y agrupados por ciudades. Las pruebas de este género, que no requieren ninguna habilidad especial, deben evaluarse según el tiempo de ejecución.

Insistiendo en el mismo ejemplo de los documentos contables, separar 25 o 30 nombres de clientes, agrupándolos en las categorías de nacionales o extranjeros (o bien según la región), pagadores a plazos o pagadores al contado.

Disponer en orden alfabético los nombres de 40 o 50 ciudades.

Repasar un cierto número de operaciones descubriendo los errores y, aunque esto tenga poco que ver con la memoria, hacer mentalmente una multiplicación con un resultado aproximado.

En las pruebas mencionadas no se debe admitir el más mínimo error. El trabajo de oficina requiere orden y precisión. El que se equivoca, cuando debería sentirse totalmente seguro en su labor, tiene muchas probabilidades de volver a equivocarse luego. Para citar un último ejemplo, diremos que los viajantes de comercio requieren especiales dotes mnemónicas. Además de la facultad organizadora y, por lo tanto, de rendimiento, necesitan también de un cierto «saber hacer» que en la mayor parte de los casos influye positivamente sobre la venta de la mercancía. El recuerdo del nombre del cliente, de sus títulos, de la composición de su familia y de sus conversaciones favoritas supone un esfuerzo que no corresponde solamente al saber de las relaciones públicas sino que requiere una acentuada intuición psicológica, una memoria pronta, rápida y minuciosa. Para el que ha ejercido con éxito esta profesión no le será difícil preparar una serie de pruebas reveladoras de las cualidades necesarias. Sin embargo, recordamos que, por muy estudiada y construida que esté la prueba, suele alejarse de la situación real, por lo que sus resultados deben siempre aceptarse con reservas.

Memoria autística

La memoria autística es la que se produce por sí sola, espontáneamente, sin solicitaciones de orden práctico. Es un fluir desordenado de imágenes desligadas, deformadas, en continua ebullición, como sucede en el sueño o en el delirio. Aparece y desaparece de forma más bien rápida, según leyes que nosotros no conocemos y que no tienen nada que ver con la lógica. Las actividades del pensamiento no conocen pausa. Es un signo de que estamos vivos y puede controlarse eléctricamente incluso cuando dormimos. Si existe una motivación a este fluir ininterrumpido de imágenes, es casi exclusivamente de orden afectivo, es decir, ligada a situaciones estrechamente implicadas. Por ello, la memoria autística es siempre ampliamente significativa, aunque lo sea de modo alusivo, sintomático, indirecto o simbólico.

El psicoanálisis ha hecho de este fenómeno el instrumento principal, por no decir único, de sus investigaciones. Ha dirigido su atención precisamente a aquel campo donde el dominio de la conciencia es casi inconsistente, sin eficacia, ambiguo y siempre dispuesto a compromisos. Del mismo modo que aquello que da vida y significado a un árbol son sus raíces ocultas en el subsuelo, deberemos escarbar en el inconsciente del individuo para encontrar el verdadero sentido de sus deseos, pensamientos y actos.

El término «represión» ha pasado actualmente también a ser de uso común. Se habla de represiones policíacas, de sociedad de la represión, de instintos reprimidos, etc. Reprimir equivale a ahogar, rechazar, expulsar y eliminar por la fuerza cualquier cosa que nos estorbe, que nos sea desagradable, que venga a turbar nuestro equilibrio. La represión es ejercida por la naturaleza, por los individuos, por la sociedad y por todo aquello que de alguna manera vive. Parece ser que todo organismo teme instintivamente la exageración, lo monstruoso, la anormalidad. Así, en cuanto aparece intenta eliminarlo.

En el terreno de la memoria buscamos eliminar del recuerdo aquello que nos resulta desagradable. En un primer tiempo no aceptamos de buen grado las reglas de la vida social que se nos han impuesto; estas se hallan siempre en contradicción con la libertad y con nuestros instintos, pero lentamente nos doblegamos a ellas y las hacemos nuestras. El período en que experimentamos más contradicción entre lo que dicta nuestros deseos y las exigencias de la sociedad es ciertamente el de la infancia. No significa esto que después todo sea llano y fácil; por el contrario, las confrontaciones más duras, más radicales y más profundas las experimentaremos a continuación, pero ya estaremos habituados, adiestrados, adaptados.

Así, la infancia, con todos sus «no se debe hacer esto», «no se debe hacer aquello», seguidos de castigos más o menos severos, más o menos frecuentes, constituiría el período fundamental donde se instaura la represión. Los experimentos realizados por Waldfogel han dado estos resultados: número medio de sucesos reevocados, referidos a la edad de un año: ninguno; a dos años: 0,1; a tres años: 0,7; a cuatro años: 2,8; a cinco años: 6,8; a seis años: 11,3; a siete años: 14; a ocho años: 16,5. Respecto a la cualidad de los recuerdos tenemos los siguientes porcentajes: el 50 % decididamente agradables, el 30 % desagradables y el 20 % neutros.

No estamos de acuerdo con la teoría que hace depender la escasez de recuerdos de la preponderancia del factor represivo durante la primera infancia. Olvidar es un factor muy útil para la economía de la mente y la misma selección de los recuerdos sirve para estructurar una personalidad y no para reducirla a la condición de magnetófono que almacena con la misma indiferencia sonidos agradables y sonidos desagradables. Existe también el fenómeno de la interferencia retroactiva. Experiencias nuevas anulan las antiguas, recuerdos recientes intervienen sobre los lejanos, los atenúan, los confunden y se superponen. Finalmente, ¿qué cosa puede recordarse cuando la noción del tiempo no ha adquirido todavía consistencia, cuando la consciencia de sí mismo está todavía en un estado nebuloso y cuando la proyección no va más allá de la acción que se está realizando en aquel momento? La estructura del cerebro no está todavía preparada para formar y conservar aquellas moléculas especiales que, según las actuales teorías, forman la base de la memoria.

Por lo tanto, ¿existen test que pueden medir de alguna manera la memoria autística? En el verdadero significado de la palabra, debemos responder que no. No existen pruebas estandarizadas a través de las cuales pueda expresarse en cifras el grado y la intensidad de la memoria autística. Este es un fenómeno totalmente personal; no confrontable en sentido numérico con la de otro individuo. Es cierto que la represión es un hecho general, pero ocurre en cada uno de nosotros de manera personalísima. A través de encuestas, cuestionarios e interrogatorios, podremos determinar lo que está más reprimido en una determinada sociedad y establecer, por así decirlo, una graduación de los tabús. En consecuencia, si existen medios de investigación de la memoria autística están encaminados en sentido invertido; es decir, intentan descubrir lo que ha sido olvidado, o solicitar un recuerdo que no quiere salir, que defiende su escondrijo con los medios más tortuosos e hipócritas. El psicoanálisis ha demostrado que los recuerdos reprimidos no son cancelados definitivamente de nuestra consciencia, sino simplemente rechazados más abajo, donde la luz de la mencionada consciencia no puede o no quiere llegar. Y allí continúan agitándose, arremolinándose e impulsando, como un mal oculto, pero no curado. Son como las fuerzas endógenas telúricas de las que conocemos los efectos, pero no las causas: del pequeño desprendimiento de tierras a los terremotos, maremotos, explosiones volcánicas, todos ellos son fenómenos ante los cuales quedamos atemorizados, presos del más angustioso temor, porque en nada habíamos creído con más fe que en la estabilidad de la corteza terrestre.

Lo mismo vale para los hombres. Del breve e insignificante síntoma histérico a los dramas de la locura, a través de toda la gama de la psicopatología. De estos derrumbamientos psíquicos, de estos terremotos del alma, ¿deberemos culpar sólo y exclusivamente a la represión? No, puesto que la represión es solamente uno de los poderosos y variados mecanismos de defensa que posee la psique humana para alejar de sí el dolor mental. Otros mecanismos son (aunque la brevedad no nos permita desarrollarlos): la sublimación, negación, disociación, proyección, etc. Por ello dos individuos sometidos a las mismas represiones familiares, ambientales y sociales, señalan, uno, el camino del equilibrio y, el otro, el del desorden y de la ruina; del mismo modo que dos plantas que crecen en la misma tierra son tan diferentes en sus productos. Todos los métodos constitutivos, constructivos e interpretativos, para no citar más que los principales, tienen por objeto ir a la búsqueda de aquellas fuerzas ocultas que juegan un papel tan importante en la determinación de la conducta de un individuo. Ahora bien, en un último análisis ir a la búsqueda de aquellas fuerzas no significa otra cosa que revocar ciertos recuerdos inconscientes; precisamente aquellos recuerdos que han sido rechazados de nuestra consciencia por su carácter de algún modo penoso, insoportable o lesivo. Es innegable que los recuerdos que las técnicas psicoanalíticas logran sacar a la luz son siempre penosos. Si fuesen de otro modo, no habría necesidad de evocarlos artificiosamente. Las alegrías, los momentos felices, nuestros éxitos, están siempre vivos en nosotros y no nos cuesta ningún esfuerzo reclamarlos, narrarlos, revivirlos, exagerando tal vez su importancia y significado. Pero para los dolores, los disgustos y las derrotas, las cosas cambian. Los más recientes nos queman todavía, de los más lejanos conservamos un leve sabor amargo, otros más lejanos han desaparecido del todo, precisamente, como si no los hubiéramos ni tan siquiera vivido. Una de las técnicas más usadas para la búsqueda de los recuerdos reprimidos es la de las asociaciones libres. Consiste en dejar tanto como sea posible, vía libre a los pensamientos, imágenes y recuerdos. No seguir ningún hilo lógico, abandonarse al fluir de la mente sin ejercer ninguna presión ni ningún juicio, tomar casi con placer el ser absurdos, disparatados y vacíos. Sin embargo, cuando nuestro fantasear saque a la luz, cojo por casualidad, un punto débil, uno de nuestros lados débiles, uno de nuestros tabús, el psicoanalista nos detendrá. Descubierto nuestro lado débil, será su tarea insistir hasta revocar en nosotros los sucesos que lo han causado. Será de este modo como, maravillados, haremos un pequeño viaje en nuestro pasado, del cual nos habíamos olvidado completamente.

Al lector interesado le aconsejamos el texto de Freud: «Psicoterapia de la vida cotidiana», de 1905. Recuerdos desaparecidos que afloran a nuestra consciencia, recuerdos nebulosos o deformes pueden ser aclarados o rectificados. Si el recuerdo revive con la debida carga emotiva, constituirá para el individuo una liberación. Ya no estará obligado a manifestar su presencia turbadora por caminos equívocos. Acaso curará las crisis nerviosas, los malhumores y la irritabilidad, de los que frecuentemente se es víctima sin ser capaces de descubrir las causas verdaderas o proyectando las mismas sobre otras personas u otros sucesos.

Ir a la caza de los propios recuerdos reprimidos requiere la máxima objetividad y sinceridad con uno mismo. De primera intención debemos estar más dispuestos a acusarnos a nosotros mismos que a los otros. Todas las veces que advirtamos en nosotros una reacción desproporcionada a un hecho cualquiera (una discusión, un encuentro, una dificultad) estamos en presencia de algo íntimo, algo nuestro que no funciona. Con esta convicción debemos afrontar los problemas. Nuestro motor es el que no funciona. Podemos probar nosotros mismos y echarle una mirada. Si conseguimos la más pequeña reparación, es seguro que nos sentiremos mejor. Ello redundará en nuestro beneficio y en el de los demás.

Patología de la memoria

Terminamos este breve trabajo sobre la memoria mencionando sus principales deformaciones. Generalmente se trata de defectos, anomalías, enfermedades propiamente dichas, cuyo origen debe buscarse en lesiones o defectos cerebrales. Son situaciones difícilmente remediables y, por fortuna, muy raras. No nos asustemos ante los nombres altisonantes que la ciencia ha encontrado para clasificarlos e intentemos habituarnos al uso de estos términos técnicos que, una vez afrontados y comprendidos, se hacen menos duros de lo que parecía a primera vista.

Veamos ahora el primer caso verdaderamente desconcertante. Un individuo con los ojos cerrados toca con la mano derecha un objeto cualquiera, lo reconoce y describe sus características de manera precisa, pero no sabe decir de qué se trata. En cambio, con la mano izquierda lo identifica inmediatamente, por ejemplo, como un lápiz, sin necesidad de recurrir a análisis minuciosos y prolongados. En cierto modo es la misma situación que cuando vemos una cara que nos recuerda a alguien y no logramos saber quién. Para nosotros es un hecho momentáneo, ocasional, para el otro es una situación permanente. Ya no podrá servirse de la mano derecha para reconocer las cosas. Lo mismo podrá suceder con los ojos, aunque su funcionamiento sea perfecto; pero no lo será el de ciertas zonas de la masa cerebral y el individuo no sabrá nombrar una cosa aunque la vea claramente. En estos casos se dice que se trata de amnesias sensoriales o agnosias. Precisamente agnosia significa en griego «no conocimiento», y amnesia significa «no recuerdo», es decir, falta de reconocimiento y falta de recuerdo. Existen también las amnesias motoras o apraxias. Sabemos ya el significado de amnesia. Apraxia significa «inercia», o sea «no operar», «no hacer». Una persona ha comprendido perfectamente lo que se le ha ordenado hacer, puede repetir nuestra orden con exactitud, puede decir si otro la realiza bien o mal, pero él se encuentra en la absoluta imposibilidad de hacerlo. Y, sin embargo, sus manos, sus piernas, todos sus sentidos se hallan íntegros y sanos. Puede encontrarse una vaga semejanza entre este individuo y un niño pequeño que no ha aprendido todavía a realizar los movimientos para introducir una llave en una cerradura o para desenroscar un tapón.

No vamos a hablar de los trastornos que afectan la palabra o la escritura, problemas estos que interesan a los educadores en la medida en que puedan hacer algo para remediar una deformación fisiológica y psíquica.

Un fenómeno muy curioso tiene lugar en concomitancia con el alcoholismo crónico y en diversos casos de carencia de determinadas vitaminas. En un estadio de la enfermedad cesa completamente la facultad del recuerdo, es decir, que tenemos una amnesia de memorización. Todo lo que ha sucedido antes se recuerda perfectamente. Los recuerdos del pasado están vivos y, en muchos casos, con enorme intensidad. No es que el sujeto no sepa lo que ha hecho un momento antes. La memoria inmediata continúa subsistiendo siempre, pero los hechos son vividos de manera fragmentaria, desligada, sin la necesaria conexión que se requiere para narrar las cosas. Dice Janet que incluso cuando estamos solos, lo que hacemos lo narramos por lo menos a nosotros mismos. La amnesia de memorización es, pues, la imposibilidad de vivir una más o menos larga concatenación de hechos como una sucesión, como una historia, de la que nosotros somos autores y actores. Es un retorno a nuestra primerísima infancia, de la cual no existe ningún recuerdo. Es cierto que el psicoanálisis, algunas drogas y la hipnosis, anulando algunos frenos inhibidores, pueden hacer reaparecer en nuestra mente recuerdos muy lejanos que nunca habrían podido aflorar por sí solos. Pero por mucho que se haga, es imposible ir más allá de la edad de tres años. Más allá existe un vacío que nunca podrá ser colmado. Es inútil buscar alguna cosa que no existe. Los recuerdos de nuestros primeros años pertenecen a los otros. Son la historia de los que nos han dado la vida, de los que nos han alimentado y custodiado, y no la nuestra.

Si tomamos el fenómeno descrito más arriba y lo limitamos en el tiempo, tendremos las amnesias lagunares. Un ejemplo: un conocido nuestro que de tiempo en tiempo se dejaba llevar por el alcohol, nos contaba que, al llegar a un cierto grado de saturación, perdía completamente la memoria y el recuerdo de todo lo que le había ocurrido. Si se despertaba a las 10 de la mañana en su cama e intentaba reconstruir los sucesos de la noche anterior, por muchos esfuerzos que hacía sólo lograba recordar su historia hasta una cierta hora de la tarde anterior. Más allá había el vacío absoluto; ni un recuerdo, ni un indicio, ni la más vaga imagen de los lugares donde había estado y de lo que había hecho. Una página cerrada del diario de su vida. Faltaba totalmente la conexión mental.

En este caso se trata de un estado patológico que termina cuando se agotan las causas que lo han provocado (infecciones, intoxicaciones, traumas cerebrales, etc.). En el cine se han tratado argumentos de este tipo. Pero si, románticamente, la fuerza de un amor o la constancia de un médico logran restituir un alma ausente a su vida presente, en realidad las lagunas de la memoria son difícilmente colmables. También, aquí es imposible leer una historia que no ha sido escrita. En cambio, las amnesias selectivas son totalmente diferentes. Somos nosotros los que elegimos, es decir, seleccionamos, ciertos sucesos para que sean olvidados. Y lo hacemos tan bien, con tanto empeño, que terminamos por olvidarlos verdaderamente. Es un proceso que el psicoanálisis ha llamado «represión»; lo que significa alejar, quitar, borrar de nuestra conciencia los recuerdos que nos atormentan, que nos molestan y que nos afligen. Se trata de un juego que forma parte de la economía del individuo. No sería útil ni agradable vivir pensando continuamente en las cosas desagradables de la vida. Es mejor prescindir de ellas y recordar solamente las agradables. En consecuencia, es lógico que los sucesos apartados pertenezcan directa o indirectamente a la esfera afectiva. En este terreno nuestra sensibilidad, nuestro resentimiento y nuestra susceptibilidad son más agudos. Nuestro «Yo» está en continua tensión para afirmarse y para proteger las posiciones que cree haber alcanzado. No sin fundamento Adler ha hecho de la voluntad de potencia el muelle de todas las acciones humanas.

Pero si los recuerdos desagradables, los dolores, las humillaciones y las frustraciones, son alejados y, por ello, no recordados, ¿qué confianza podremos tener de lo que nos comunique el prójimo? Este nos dirá siempre y solamente «su» verdad y no «la» verdad. De ello saben algo los médicos, los abogados, los jueces y los periodistas. Algo sabemos cada uno de nosotros cuando tratamos de «descubrir» a nuestro vecino. Para Freud lo que es alejado de la consciencia no se borra definitivamente; es solamente relegado en una parte más oculta de nosotros, en una parte más profunda, o sea en el inconsciente, y allí continúa, de alguna manera, molestando. Pero este es un problema que de momento no nos afecta, Lo que se pretende poner de relieve es el hecho que en la amnesia selectiva, la extracción, es común a todos los hombres, a todas las edades y a todos los tiempos. Sus formas más agudas, más evidentes y más anormales constituyen el gran cuadro patológico del histerismo. Otro caso patológico de amnesia es la afasia, estudiada por Wernicke. Afasia significa falta de voz, de palabra; el fenómeno sigue un «crescendo» preordenado que afecta sucesivamente a los diversos niveles evolutivos, como si hiciese el camino al revés. Se olvidan primeramente las formaciones más recientes, o sea las relativas al lenguaje. Desaparecen así los nombres propios, después los comunes, los adjetivos, los verbos. El lenguaje vuelve a ser esquemático, incompleto, fragmentario, como si uno estuviese aprendiéndolo por primera vez. En la última fase, el lenguaje se limita a una serie de exclamaciones y de interjecciones, que podríamos llamar primer lenguaje, lenguaje inicial; palabras indistintas como un «ah» o un «oh» que, acompañadas de la correspondiente mímica facial son comprendidas en su significado por todos los hombres. La última forma expresiva en desaparecer puede ser el gesto. En tal caso no queda de un hombre más que el cuerpo, el cual no puede ya comunicar a los otros más que una gran compasión por su estado.

Otro tipo de amnesia es la senil. Se dice que el viejo pierde la memoria y se convierte en un niño. Ya no logra fijar los sucesos que vive, tal vez por su debilidad general de su sistema nervioso, tal vez porque su empeño vital es menos intenso. Así, la actividad mnemónica del viejo se vuelve hacia el pasado. También en este sentido es exacto decir que se regresa al niño. Se apega mucho a sus remotos recuerdos, que repite en toda ocasión, siempre de la misma manera, con una riqueza de detalles verdaderamente impresionante.

Algunas afecciones psíquicas tienen la facultad de sobreva-
lorar la fantasía de tal manera que puebla nuestra mente de
hechos tan vivos y persistentes que se termina por conside-
rarlos realmente sucedidos y por ello conservados y repetidos
como recuerdos nuestros. Ya hemos mencionado el hecho
común de la deformación de la realidad. Los recuerdos más
penosos son alejados. Los menos penosos son modificados
en el tiempo de modo que lleguen a hacerse aceptables. Finalmente, los agradables son exaltados, ampliados e hincha-
dos para hacerlos todavía más agradables.

Aquí el fenómeno se presenta ligeramente diferente. Existen
períodos vacíos en nuestra existencia que no podemos acep-
tarlos como tales. Es imposible que en aquella ocasión, en
aquel tiempo, no haya ocurrido nada importante. La mente se
esfuerza para llenar el vacío y reconstruir hechos que nunca
han sucedido, pero de cuya realidad se convence lentamente.
Se dice que el individuo está afectado de fabulación (que
cuenta fábulas), pero el término no es precisamente exacto,
ya que él está convencido de contar cosas verdaderas. En-
gaña a los otros y a sí mismo de buena fe. Es diferente del mi-
tómano, el cual es un verdadero apasionado de la mentira. En
su vida han sucedido hechos grandiosos de los cuales ha sido
partícipe y actor principal. Su papel ha sido siempre de primer plano, tanto en el bien como en el mal, en la fortuna y en
la desgracia. Con frecuencia y de buen grado es el hazmerreír
de cuantos le conocen, pero él continúa impertérrito por su
camino, hasta que encuentra una sola persona dispuesta a es-
cucharle. Deberíamos preguntarnos si este individuo, en algún momento de reflexiva soledad, se siente perdido en el vacío de su existencia.

La amnesia es un estado patológico por el cual los sucesos
del pasado son revividos como si fuesen presentes. El estado
emotivo de presencia es tal que hace olvidar que se trata de

un recuerdo. Las cosas aparecen como si estuviesen desarrollándose en aquel instante preciso. Son situaciones que larvadamente todos hemos experimentado, aunque por breves instantes. Después hemos recobrado el contacto con la realidad. Estados de este tipo pueden ser provocados bajo la influencia de drogas, que rompen la unidad de la consciencia, alejándola del mundo presente. Por ejemplo, se habla de una visión panorámica de la propia vida ante un inminente peligro de muerte. Los éxtasis, los raptos, los descensos a los infiernos o las subidas al cielo podrían incluirse entre dichos fenómenos. La psique humana vive como realidades hechos sobre los cuales ha meditado largo tiempo o que constituyen la culminación de un deseo de aniquilamiento o de sublimación. Lo que ocurre en los meandros de nuestro cerebro es todavía poco conocido. Resulta más fácil para el hombre pasearse sobre la Luna que entender, explicar y dirigir el funcionamiento de su sistema nervioso.

Finalmente, mencionaremos la paramnesia o falso reconocimiento del que todos, quien más quien menos, tenemos experiencia. ¿Cuántas veces nos hemos dispuesto a saludar con efusión a una persona que habíamos tomado por un amigo? ¡Cuánta confusión cuando nos damos cuenta del error! Una confusión desproporcionada que denuncia un peligro que linda con las defensas del «Yo». En este caso la normalidad o la anormalidad tampoco son cuestiones de calidad, sino de cantidad. Si el hecho se presenta de vez en cuando, no existe nada de malo. Pero si se repitiera con cierta frecuencia, habría que preocuparse. Hemos indicado un caso que, además, es embrionario del fenómeno, puesto que al falso reconocimiento siguen inmediatamente la retractación y el reconocimiento de dicho error. La verdadera situación patológica está en la persistencia del error, tanto si se trata de personas, objetos o sucesos. En cambio, la ilusión de lo ya visto puede originar una especie de confusión o de superposición de imágenes o de recuerdos. De improviso, nos encontramos sumergidos en una situación cargada de emotividad, nos encontramos, como nos enseña Proust, con un tiempo perdido que apenas se deja coger, para caer nuevamente en la nada del olvido; de tal modo que el morir de nuestra existencia se hace más agudo, más doloroso y más irreversible.

El falso reconocimiento puede tener su manifestación inversa. En tal caso no se reconoce lo que deberíamos realmente reconocer. Recordamos un enfermo que no quería en absoluto reconocer a su madre en el lecho de muerte. Insistía en decir que aquel cuerpo era una imitación casi perfecta de su madre. Pero su ojo no podía engañarle. Para él existían ciertos matices que le decían que había sido sustituido. Y no se trataba de una excusa para rechazar la pérdida y, por lo tanto, el dolor. La disolución de su personalidad había llegado al punto de rechazar la idea de la muerte, no solamente para sus seres queridos sino, en general, para todos los vivientes.

Estas breves nociones sobre los aspectos enfermos, deformados y caóticos de la memoria nos han situado ante problemas perturbadores que esperan ser aclarados por la ciencia. Temblamos de admiración y de angustia pensando en la estabilidad de nuestra psique, confiada a mecanismos tan delicados y microscópicos, que la más pequeña alteración podría destruir o reducir a una sombra lo que somos hoy.